为了纪念我的父亲
To the memory of my father

即使经济学的基础仍在讨论之中，但是经济学的核心思想必须是灵活生动的。

——阿尔弗雷德·马歇尔，《经济学原理》

产业组织理论与政策前沿译丛

[美] 张明勋（Myong-Hun Chang） 著

何文韬 郭晓丹 译

产业动态计算模型

A Computational Model of Industry Dynamics

中国财经出版传媒集团

经济科学出版社
Economic Science Press

Routledge
Taylor & Francis Group

图字：01－2018－8056

图书在版编目（CIP）数据

产业动态计算模型／[美] 张明勋著；何文韬，郭晓丹译 . —
北京：经济科学出版社，2019.3
（产业组织理论与政策前沿译丛）
书名原文：A Computational Model of Industry Dynamics
ISBN 978－7－5218－0427－0

Ⅰ.①产…　Ⅱ.①张…　②何…　③郭…　Ⅲ.①产业经济学—
动态经济学—计算模型—研究　Ⅳ.①F260－39

中国版本图书馆 CIP 数据核字（2019）第 058142 号

责任编辑：范　莹
责任校对：刘　昕
责任印制：李　鹏

产业动态计算模型
[美] 张明勋（Myong-Hun Chang）著
何文韬　郭晓丹　译
经济科学出版社出版、发行　新华书店经销
社址：北京市海淀区阜成路甲 28 号　邮编：100142
总编部电话：010－88191217　发行部电话：010－88191522
网址：www. esp. com. cn
电子邮箱：esp@ esp. com. cn
天猫网店：经济科学出版社旗舰店
网址：http://jjkxcbs. tmall. com
北京季蜂印刷有限公司印装
787×1092　16 开　9.75 印张　150000 字
2019 年 3 月第 1 版　2019 年 3 月第 1 次印刷
ISBN 978－7－5218－0427－0　定价：46.00 元
（图书出现印装问题，本社负责调换。电话：010－88191510）
（版权所有　侵权必究　打击盗版　举报热线：010－88191661
QQ：2242791300　营销中心电话：010－88191537
电子邮箱：dbts@ esp. com. cn）

A Computational Model of Industry Dynamics

Myong-Hun Chang

Routledge
Taylor & Francis Group

图字：01-2018-8056

A Computational Model of Industry Dynamics 1st

Edition/by Myong-Hun Chang/ISBN：978-0-415-70684-1

简　　介

关于产业动态的经济文献包括一系列实证研究，确定出一组典型事实。已经有一些研究尝试构建分析模型来解释其中的一些规律。这些研究是高度程式化的，并且为了使分析易于处理，对研究范围作了很大限制。一般的产业演进模型能够产生与数据相匹配的企业和产业行为。

这本书尝试解释许多有充分证据的产业各方面随时间推移而发生的演化。使用基于主体的计算模型，在计算机中人工生成一个产业并将其培养至成熟阶段。在模型中，假设企业具有有限理性，然而，它们基于经验的研发努力使其能够寻求技术改进，从这一方面来说，它们具有适应性。给定一个遭受持续的、不可预知的外部冲击技术环境，计算机产生的产业仍然处于持续的、不断变化的状态中。这一研究的主要目的在于确定处于产业随时间沿着稳定状态演进过程中的企业活动方式。这一稳定状态反映在企业和产业行为随机地围绕稳定均值上下波动。

本书所提出的计算模型能够复制许多来自实证产业组织文献得出的典型事实，特别是关于企业持续的进入和退出动态。此外，模型可以通过系统地改变技术环境和市场特征来检验进入和退出方式的跨产业变化。而在这技术环境和市场特征中，由计算机生成了产业演进。模型分析结果表明在动态设定中，基于有限理性主体的计算方法可以有效地开展实证分析和规范分析。

（原著作者：张明勋为美国克利夫兰州立大学教授、经济系主任）

序　言

本书所呈现的产业动态模型从之前几个版本发展而来。这些版本也经过了在不同学术背景下的自然和人工选择过程。最开始的第一个版本仅关注在没有外部技术冲击条件下新生产业的震荡动态，这一版本所得到的结果发表在《经济互动与协调》（*Journal of Economic Interactions and Coordination*，2009）的论文上。第二个版本允许有外部技术冲击，但是没有企业自适应研发。这个模型的结果报告收录在《牛津计算经济和金融手册》（即将出版）上。模型的第三个版本具有外生的企业特有研发，呈现在《东部经济学杂志》（*Eastern Economic Journal*，2011）上。

这一系列模型最为基础的版本报告在本书当中，并允许企业自发地为了寻求技术改进而进行研发，以应对外部技术冲击。使得研发过程内生化能够重新检验早期已发表版本在更为丰富市场和技术条件下所暴露出的问题。更为重要的是，它创造了提出一系列新问题的可能性，而这些问题对于具有研发创新和模仿的熊彼特竞争来说是独一无二的。

本书有两个目的：第一是模拟一系列从实证产业组织研究中所得到的众所周知的典型事实，包括企业随时间变化的进入、退出。在利润最大化以及企业具有完美预见性的情形下，现有研究为了理解这些作为"产业均衡"一部分的方式进行了各种尝试，但是研究的范围和深度还是相当受限。这或者是由于为了易于处理而设定了过于严格的假设，或者是因为设定了过于宽松的假设而造成了极大的分析困难。本书所提出的计算模型回避了传统经济理论中的标准行为假设。相反，出现在产业水平上的动态方式被视为是缺乏远见的、异质性的企业连续相互作用的结果。企业间相互作用是由于受到利润驱使或者将研发作为提高利润的一种方式。最终目的是理解源自内生化的、企业适应外部不可预知冲击的行为方式，以及在它们寻求提高利润过程中相互作用所表现出的典型事实。

　　第二个更为一般化的目的是开拓并展示计算模型的理论分析优势。这些经济领域通常被认为需要基于均衡理论的专属主流方法来进行分析。正如我所希望的在后续章节中展示的那样，用传统均衡模型难以得到问题答案，而在具有有限理性行为主体的计算模型中能够对此进行详细的解释和检验。

　　尽管当前研究仅能以探索为目的提供实证分析，并且该方法所面临的挑战是其在多大能力范围内提供标准化规范。该标准化规范需要通过在一个精心设计的、能够反映真实产业更多细节的平台上进行政策实验得到。通过写这本书，我希望做出初步的贡献。

致　谢

本书中的研究内容已经在许多国内和国际会议上报告了，包括：2010 年国际产业组织会议（温哥华）、2010 年国际计算经济与金融会议（伦敦）、2011 年国际产业组织会议（波士顿）、2012 年东部经济学会会议（波士顿）、2012 年经济异质性交互主体研讨会（巴黎）、2012 年国际计算经济与金融会议（布拉格）、2013 年东部经济学会会议（纽约）。来自这些会议参会者的评论和建议使我很受益。特别地，我向杰森·巴尔、约翰内斯·科龙、克里斯·瑞贝克和罗伯特·索默奇给出的详细建议致以诚挚感谢。

在校内，无论是模型还是书稿，我得到来自许多同事的建议和帮助。我特别感谢艾德·贝尔、乔恩·哈福德、斯图尔特极具启发性的意见，这对本书模型的改进和完善很有价值。乔恩·哈福德和斯图尔特对早期书稿的编辑提出非常有帮助的建议，特别是乔恩不但通读了全部书稿还给出了宝贵意见。在书稿撰写过程中，我几乎完全采纳了他的建议。

在这些年，我被分配了许多很有能力的研究生助理。尽管并没有完全在本书中列出，但是安曼达·简尼奥斯克为本研究收集了来自东利物浦陶瓷产业的企业更替数据。这极大地提高了我对进入和退出过程的理解。夏洛特·德科宁、安德里特·米塔和克里斯·考克斯在写作的不同阶段提供了编辑帮助。特别要感谢安德里特将来自美国汽车业的进入、退出数据（斯密斯，1968）转变为第五章所呈现的可视数据集。

在完成本书期间，我由衷感谢来自克利夫兰州立大学的制度支持。在2009 年春天，我获得休假从而开始该研究项目工作。人文科学学院院长格雷格·萨德尔克允许我在 2014 年夏天休假以完成该书稿。最终，这一研究部分地获得来自克利夫兰州立大学研究院研究发展基金会（0210 – 0382 – 10）的支持。在 2008 年到 2011 年获得该资助期间，打下了本研究的基础。这本书是最终成果。

译者前言

随着计算机技术的巨大进步，数值方法在各个学科中得到了广泛应用。不同于工程学从一开始就侧重于计算机模拟技术的使用，在经济学中，大多数早期的数值方法都是纯理论性的，并在以均衡为导向的分析框架下，达到了一个高度复杂的水平，为经济研究带来前所未有的准确性和严格性。然而，随着社会经济的发展，强调理性行为和均衡的经济理论越来越不适用于分析复杂的社会和经济变化，对此，需要引入新的经济分析工具和方法，用来处理包括异质性、动态性和多层次反馈效应的非均衡问题。

模拟仿真方法非常契合这些要求。第一代的仿真模型是高度程式化的，并且没有关注经验现象。相反，它们旨在分析动态经济过程中的逻辑，探索复杂系统行为展现出的各种可能性。然而，自20世纪90年代末以来，学者们开发出越来越多针对特定经验现象的模拟仿真模型，着重研究异质性行为人之间相互作用所导致的动态演化过程。在这类模型中，学者们不可避免地需要在理论的一般性和模拟特定现象所需精度之间进行权衡。新发展起来的基于主体的模型（agent-based model，ABM）很好地适应了这一挑战，展现出该模拟方法用于经济社会研究建模的优越性。

基于主体的模型适用于研究能够概念化为"宏观—微观"关系的社会经济系统。在其中，微观层面通常包含异质性的基本行为主体。随着时间推移，这些主体之间反复的相互作用，将导致例如生产和消费的微观经济模式不断发生变化。这些微观模式一旦聚集在相关的微观主体集合上，就会产生总体经济变量的宏观动态。基于主体的模型其目标就是正确地描述这些复杂系统并分析其特征。更为确切地说，基于主体的模型将分散的经济体描述为复杂的系统，并试图自下而上地推断其微观主体的相互作用和行为所展现出来的总体属性。基于主体的模型具有两方面的优点，一是基于主体的模型能够展现宏观现象是如何产生的，以及自组织、异质性行为主体相互作用如何导致这些现象的产生。此外，该模型可以通过隔离关键行为，来识别出引发总体结果的核心主体。这就使得模型适用于研究产业动态问题。二是基于主体的模型能够用于深入探究驱动系统演化并影响系统特征的内在动力是什么。学者们将基于主体的模型用作计算实验室，以探索各种制度安排可能产生的影响，并分析产业潜在发展路径，从而在特定决策环境中帮助并指导企业和政府决策者做出满意选择。因此，基于主体的模型使用来自经济学、计算机学、系统工程学等不同学科的方法，试图模拟自下而上的经济现象，以及这些现象对个体行为自上而下的影响。此外，编程技术的快速进步，特别是强大计算工具的出现为经济学家提供了在更为现实、更为复杂的基础上，建立经济系统模型的机会。

美国克利夫兰州立大学张明勋教授的著作《产业动态计算模型》提出了一个基于主体的计算建模框架，它可以作为在产业组织中进行动态分析的基础。基于主体的计算模型是在计算机设定中创建一个人工产业，然后通过观察在产业演化过程中的企业进入、竞争和退出来分析产业动态问题。企业的这些行为是由预先设定好的决策规则所驱动的，它们之间的相互作用产生了产业发展演化的丰富历史记录。通过这个模型的仿真模拟，人们可以研究异质性企业间的复杂互动关系以及产业不断动态变化的结构和绩效表现。该著作所呈现的产业动态基础模型可以进一步扩展和完善，以解决产业组织中的各种典型问题，并且该模型特别适合分析受到持续外部冲击影响的产业动态调整过程。

目前国内产业动态研究处于起步阶段，还未形成较为完整的分析框架，多数研究采用案例分析、计量分析等方法来积累经验证据。东北财经大学产业组织与企业组织研究中心是国内较早关注产业动态研究的团队。研究中心作为教育部人文社科重点研究基地、中国工业经济学会副会长单位、全国产业经济学学科建设专业委员会主任委员单位，在产业动态研究领域已经积累了一定的研究经验。在《管理世界》《世界经济》《经济学动态》等权威学术期刊发表多篇相关研究成果，出版译著《创新、产业动态与结构变迁》，专著《产业动态分析：理论与实证》《中国战略性新兴产业成长研究》《中国培育发展战略性新兴产业跟踪研究》等多部著作。本译著是在这些研究基础上取得的又一部重要研究成果。它为指导国内产业动态研究提供了一个可以借鉴和学习的完整分析框架，同时，本译著中所采用的基于主体的计算模型仿真方法也是目前产业动态研究的前沿方法之一。本译著的出版得到了东北财经大学产业组织与企业组织研究中心的大力支持，研究中心的肖兴志教授、于左研究员对该译著的翻译予以了悉心指导；郭晓丹研究员在初稿审阅、翻译修订上做了很大贡献。本译著也是国家社会科学基金重大项目《供给侧结构性改革下东北地区创新要素结构分析与优化对策研究》（批准号：18ZDA042）、国家自然科学基金面上项目《中国新兴产业震荡的识别、影响与干预研究》（批准号：71873025）、国家自然科学基金青年项目《基于产业政策视角的中国新兴产业震荡触发机制及其影响效应研究》（批准号：71703015）的阶段性成果。

限于能力水平，本译著难免出现纰漏，请各位读者批评指正。

何文韬

2019 年 4 月

目 录

contents

图目录

Figures

表目录

Tables

1 产业演进中的非均衡动态

市场结构的演进是一个复杂现象，寻求任何单一模型来囊括所观察到的所有统计规律不是合适的研究目标。然而，有些演进现象仍值得被包含在一个更为一般的理论中，而非当前已有的，难以对这些现象进行解释的理论中。在这些现象中最值得探讨的问题是造成企业更替（扰动）和市场份额波动的产业特有决定因素。另一个是衰退产业中的退出方式。尽管在近期相关研究取得一定进展，但是仍有许多重要问题有待深入讨论。

——萨顿（Sutton，1997，p. 57）

本书受到实证产业组织（IO）的四个典型事实研究的启发。第一个是新兴产业中的震荡现象。这个被广泛观察到的现象描述了在产业诞生时期突然的企业涌入，随后是快速的企业外流，这与市场崩溃十分的类似。该现象已经得到广泛证明[1]。第二个是在成熟产业中观察到长期持续的企业进入和退出。第三个是进入、退出产业倾向于同时发生，即高进入率时期同样也是高退出率时期。第四个是剧烈的结构扰动在产业间具有的差异。一些产业具有高进入高退出率的特征，而其他的一些产业可能表现出相对较低的进入退出率特征。这就要求系统的研究产业动态的形态、规模和性质如何决定产业特有因素：[2]

关于新产业当中剧烈变化的最新观察是产业演进典型方式的速度和强度。这表明决定着产业演进的因素在产业间存在着重要差异。

——克莱伯和格雷迪（Klepper and Graddy，1990，p. 37）

我们发现产业间的进入退出率存在着巨大的、持续的差异。一个时点上的进入退出率在各产业中也是高度相关的，因此，具有比平均进入率更高的产业，其退出率也高于平均水平。这些结论表明产业特有因素在决定进入、退出方式上起到重要作用。

——邓恩等（Dunne at al. ，1988，p. 496）

可以肯定的是任何可信的产业动态模型必须能够解释上述这些现象。这也正是我试图寻找的全面产业竞争模型。我更相信这样的模型应当能够预测一个产业的长期结构和绩效，并与标准产业组织研究长期积累起来的实证证据相一致。本研究所呈现的产业动态一般模型能够执行多样的计算实验，成功的复现上述典型事实，并基于企业行为和市场竞争基本理论做出进一步的预测。

本研究所呈现的模型是出于对什么可能构成推动企业和产业动态的因果机制的两个最初印象。一是在震荡阶段企业数量急剧的增加和下降表明进入者目光短浅。二是企业每天都需要应对来自经营环境的意外冲击，冲击为一些企业带来了新的获利机会，但同时也迫使其他企业退出。外部意外冲击的非一致效应可能引起企业进入退出率随时间（如高于平均进入率的时期也是退出率高于平均水平的时期）在各产业中（如具有高于平均水平进入率的产业，退出率也高于平均水平）相互作用。

更为正式地讲，我认为理想的模型应该具有四个特征，这些特征对于生成和理解典型事实很重要：

（1）有限理性。每一个企业具有有限的预见能力，并且不能形成像经济研究假设那样的"理性预期"。

（2）技术的变化。生产相同的产品存在着不同的方法（或技术）。当产业中的企业运用不同的技术时，它们表现出不同的生产效率水平。

（3）持续的技术冲击。企业持续面临来自技术环境的意外冲击，这些冲击直接地、非对称地影响企业的生产效率和市场竞争中生存的可能性。在这样的情形下，我使用"非对称性"这一术语来表示一些企业从冲击中受益，而另一些却受到不利影响的事实。假设冲击由发明和来自产业外部的创新所引起，并且影响产业中的所有企业。

（4）作为自适应搜索的研发创新。企业通过投资研发创新来适应变化的技术环境。这一投资行为可能通过搜寻更好地适应新环境的技术来提高企业的生产效率。

主流经济理论的标准方法是假设完全理性，并暗含着决策制定者具有无限的认知能力。对此，有两个广为人知的观点来为这一假设辩护（Friedman，1953）。第一个观点认为对于决策制定者来说，即使他并非有意识地按照所描述的完全理性选择程序来采取行动，也可被视为是按照这一程序来行动的。第二个观点从演化角度来解释，认为企业依据最大化假设（与完全理性假设相一致）来采取行动能够在市场竞争中获得更高的生存机会，并且随时间通过自然选择过程获得主导地位。

在本书的模型中，企业所使用的决策制定标准明显地区别于标准主流研究中所用到的标准。并非假设完全理性，我假设在企业决策制定过程中的多个重要方面有很大程度的"有限理性"。首先，所有的企业是目光短浅的；它们基于静态单一时期利润来制定决策，而非通常假设的那样依据期望收益折现流的现值。其次，企业制定决策所依据的静态单一时期收益由来自前几期市场真实状态得来，而不是在考虑到有当前时期其他企业参与其中的市场期望状态得来。因此，在模型中不存在"完美预见"。相反，企业决策是滞后的且具有适应性，因为它们的决策总是基于先前观察到的市场状态的滞后信息做出的。

这些有限理性特征意味着对模型中的企业决策标准有相当独特的设定。第一，潜在进入企业在进入市场前，认为它是唯一额外的潜在进入者。第二，潜在进入企业依据其进入后可能获得的单一时期收益来考虑是否进入市场。

在模型中，企业通过回顾过去制定决策的行为也扩展到在位企业研发创新投资行为中。选择投资研发创新以及投资什么类型（如创新或模仿）的研发创新是概率事件。随时间选择可能性的变化，是依据每一个决策相对于之前制定的其他策略来说表现如何。因此，企业先前的经验引导其制定研发创新决策，而非基于未来所有可能的状态计算得到的期望收益。这一机制反映出企业行为的适应性。

在本研究中为什么使用有限理性是最为合适的有两个原因，一是概念性，另一是实用性。第一个原因是涉及市场条件的核心问题是高度随机性的，这导致了内在的市场结构波动。在我们的模型情境中，这些市场条件包括两点：（1）技术环境受到连续的外部冲击，随时间且在企业间非对称性的随机影响经营中的企业效率；（2）每个时期具有异质性技术的企业进入、退出市场，这导致市场结构持续的波动。这些因素致使决策环境充满了不确定和不完全信息。在这样的环境中，能力有限的决策制定者来跨期预测决定未来状态变量的变动，以实现期望收益最大化的理性追求是很困难的[3]，从而假设有限理性更为合适。

设定有限理性的第二个原因更为实际。正如本书所要模拟的，具有有限理性的企业使用固定决策规则。固定决策规则极大地降低了在动态最优处理中对计算机资源的需求。在当前情境中，具有异质性技术的大量企业在市场当中相互作用，并且面临着持续受到随机冲击的技术环境。假设完全理性的结果是每个企业必须解决一个随机动态程序问题，其中在这些冲击条件下其竞争对手所有可能的未来状态是完全可知的（给定面对这些冲击，企业抱有完全确信的主观信念，并且这些信念对市场当中所有的企业是众所周知的）。这个程序呈现出明显复杂的计算问题。如果并非不可能，那么对于建模者来说，保持模型有足够丰富的细节来进行预测，且符合观测到的数据并易于求解是十分困难的。即使是数值法试图避免追求易处理而产生的问题（在动态最优框架下），也面临着"维度诅咒"。"维度诅咒"来自随着变量的增长而导致空间规模指数级的增长。换句话说，解决具有多元行为人（企业），且每个都具有多元选择变量的动态程序问题，所产生的计算成本，很快会变得十分高昂而难以承受。跳过动态最优程序，设定固定决策规则，可以将计算机资源重新分配，用于跟踪并分析切合实际的大多数企业，随时间产业成长到成熟的过程中，相互作用所表现出来的适应性行为。

本模型还具有的四个特征：第一个特征是提供了一个概念基础，用于理解产业动态作为由自然选择和适应性驱动的演化过程的表现形式。第二个特征是技术的持续变化、新企业的持续进入及冲击导致的研发创新，提供了市场竞争所带来的选择机制发挥作用的原始材料。随着企业搜寻它们的技术空间来发现能更好地适应当前技术环境的生产和经营方式，由此产生的对高效率企业（暗含着技术）的市场选择，以及个体企业的适应性研发创新，倾向于降低技术异质性程度。在给定市场环境中，一旦所有的企业发现了最优技术，这一过程将最终停止。

模型的第三个特征是改变最优技术的持续性冲击，通过扰乱企业群体向着技术最优化搜寻而持续进行，并且重新一遍又一遍的开始选择和适应性过程。因此，产业动态具有外部技术冲击、市场选择持续不断地重复特征。而第四个特征是企业通过研发创新投资获得适应性。

在有外部冲击的情况下，基于标准均衡分析方法单纯地研究企业的适应性行为和产业演化动态是不合适的。本书所提出的计算模型构成了一个实验平台基础，在此之上一个人造产业可以在计算机当中被创造出来，并演化成长到成熟阶段。在这个平台上能够开展广泛的、多样性的计算实验，并且无论是在企业个体层面，还是在产业总体层面，相应内生变量的时间序列值都可以进行仔细检验。

本书所报告的时间序列数据分析了前面提到的，沿着产业成长短暂路径，竞争性企业在市场中相互作用的典型事实。此外，由于允许产业有足够的时间成长并成熟起来，计算机平台提供了深度探究企业适应性行为，以及产业达到随机稳定状态的机会。在产业的最终状态中，内生性变量刻画出了具有时间独立性，且产业围绕固定均值波动分布的企业行为。为了简化表述，这一状态被简单地称为"稳定状态"。从这方面来说，只要是决定产业发展路径的相关系数所描绘的产业特有因素，计算机平台在不同系数设定下可以跨产业比较产业间的稳定状态。比较动态结果提供了对模型可靠性的检验，因为计算机产生的结果能够与广泛认可的跨部门实证产业组织研究文献所得到的结果相一致。

模型中的产业包括具有简单决策规则设定的企业。规则受到缺乏远见和有限信息的影响。然而，这些简单规则的相互作用在个体层面和产业层面产生丰富变化，并与典型事实相一致。特别是，模型产生了一个可实证的新兴产业震荡方式。该模型还表明成长型产业在其趋于成熟的过程中，或者是产业在成熟状态下，所表现出来的行为可以被视为是一系列不间断的震荡，并且每一个震荡来自对企业技术环境的外部冲击。研究发现许多对不同产业间跨部门比较的实证观测都可以通过这些不断发生的震荡进行解释。本书提出一个统一的框架，在其中通过企业和产业的时间序列或跨部门数据，观测到了这些以及其他典型事实可以被复制并深入认识。

在本书的模型当中，震荡现象发生的主要原因是企业有限的预测能力。这在产业发展的初始阶段容易导致过度进入。由于大量企业的短视行为导致企业进入后实际利润受到极大损害，最终从产业中蜂拥而出。尽管震荡的发生似乎仅限于产业的初始阶段，但是企业面临着不可预见的环境变化，技术环境的持续冲击可能导致相似的震荡方式不断重复出现，长期自然表现出持续的进入和退出。

给定企业有限的预见性、技术多样性及技术环境面临的外部冲击（特征一二三），那么企业的命运完全决定于市场对具有更高生产效率企业的最终选择。但是，模型的最后一个特征，企业内生性研发创新，使企业能在一定程度上控制其生存。内生性研发创新允许企业通过搜寻可能改进生产效率的技术来适应变化的环境。重复发生震荡的激烈程度是由技术环境外部冲击的规模和频率，以及企业追求其适应性研发创新的强度共同决定。

本书计划安排如下：第2章，回顾了与产业动态相关的理论方法和基于均衡的计算方法的研究文献。这些文献综述为本书选择非均衡计算方法及合理性提供了依据。第3章，全面论述了支撑本书模型的概念框架，以及对模型进行了详细描述。第4章，通过使用基础参数设置检验了模型。此外，基础产业的原始形态由计算产生，并进行详细说明。

第5章，从两个方面来研究震荡问题，第一，抽象出技术环境的外部冲击来分析产业初始阶段的典型震荡。企业做出进入、退出决策纯粹受到新发现的产业盈利机会的驱动；进入、退出决策不受到技术环境变化的影响。第二，引入外部冲击，探讨围绕企业的技术环境变化导致的不断出现的震荡。

在产业发展到成熟的过程中，模型允许企业达到一个稳定状态。第 6 章，首先检验了产业在达到稳定状态后的企业和产业特征。接下来在不同的参数设置下比较产业发展到成熟的动态。企业在产业内部的变动，如产业中企业市场份额的变化，以及产业之间的变动，如进入和退出产业，都表现出依赖于产业特定因素。在产业内部和之间的比较动态分析，描述了跨产业波动的差异性。

第 7 章，通过观测产业在稳定状态下的企业个体内生性行为，来深入探讨稳定状态的变化。检验得出企业间在技术、市场份额和生存持续时间方面差异很大。

本研究的主要部分假设市场需求是固定不变的。第 8 章，放松假设，允许市场需求随时间变动。在总体水平上，内生性变量显现出周期性。接下来，涌现模式与周期性产业动态典型事实相比较。

第 9 章包括整体总结和结论。

备　　注

[1] 详见戈特和克莱伯（1982）、克莱伯和西蒙斯（1997，2000a，2000b）、卡罗尔和汉纳（2000）、克莱伯（2002）、约万诺维奇和麦克唐纳德（1994）的研究。

[2] 详见邓恩等人（1988）的研究。

[3] 详见多西和埃吉迪（1991）对于"主观不确定"和"程序不确定"的相关讨论。

2 产业动态模型

> 与纯粹的数学家相反，经济学家必须具备理解抽象出的问题及其来源的能力。另外，当他尝试运用所提出的模型时，他能够以脱离现实世界的方式将其提出的抽象问题具体化。
>
> ——博尔丁（Boulding, 1970, p. 114）

产业组织理论学家已经使用多种分析和数值的方法来探索企业的进入和退出动态，以及对产业成长的影响。这些模型中的许多企业本质上具有动态性和异质性。然而，正如当前经济理论标准设定的，它们也将企业视为是完全理性并具有预见性的，由此，企业以最大化未来净现金流的期望折现值为依据制定进入和退出决策。

在这一领域具有开创性的研究者是约万诺维奇（Jovanovic, 1982）。他提出一个均衡模型，其中在新进入企业不确定它们的生产效率。经过一段时间，新企业通过应对生产效率冲击而获得关于它们效率的噪声信息。冲击跟随着一个非稳定的过程并且发出噪声信号，这为企业提供了关于其真实成本的证据。相应的，高成本的原有企业得到很多负面信号，由此推断出它们是低效率的，应当从市场当中退出。在模型中，"完美预见"均衡导致通过进入和退出产生选择。然而，一旦完成学习过程，在长期将不会有企业更替。因此，该模型不能探讨实证研究所指出的那种具有持续进入和退出情形的问题。

从约万诺维奇的产业动态模型发展出了两条不同的研究路径。第一条路径延续纯粹的分析方法，尽管更为近期的模型将长期中的持续进入和退出视为稳定均衡的一部分。这一方法在霍彭海因（Hopenhayn，1992）以及阿斯普伦德和诺克（Asplund and Nocke，2006）的研究中得到应用。第二条路径需要将约万诺维奇模型的两个重要特征结合起来。这两个重要特征是：（1）企业的"主动学习"；（2）在寡头竞争框架下的策略性企业行为。这一条研究路径运用马尔科夫完美均衡概念作为解，并且均衡是数值解，这是因为计算难度随着状态空间绝对规模的上升而增加。与这一研究路径相关的文献包括佩克斯和麦克尼（Pakes and McGuire，1994）、埃里克森和佩克斯（Ericson and Pakes，1995），以及佩克斯和埃里克森（Pakes and Ericson，1998）等人的研究。

2.1　稳定均衡模型和纯粹分析方法

霍彭海因（1992）的研究提供了一个分析追踪框架，其中企业持续不断地同时进入和退出是在长期中内生出来的。纯粹分析方法需要一个具有企业连续体的竞争性产业动态随机模型。在每个时期企业受到来自产业的生产率冲击。为了分析在这些冲击的稳定状态下的企业行为，他提出企业的进入和退出是稳定均衡的一部分。该模型假设具备完全竞争，如此一来，稳定均衡最大化了贴现净盈余。霍彭海因发现总需求的变化不会影响企业更替率，尽管这会增加企业总数量。阿斯普伦德和诺克（2006）指出这一结果依赖于完全竞争假设：不存在着由活跃企业数量增加而导致的价格竞争效应，因此，在模型中价格—成本边际独立于市场规模。

阿斯普伦德和诺克（2006）采用霍彭海因的基本框架，但是将其拓展到不完全竞争情形中[1]。在进入和退出均衡模型中，他们运用了霍彭海因提出的稳定状态分析方法。使用简化形式的利润函数，他们避免了设定需求系统的细节以及寡头竞争的性质（如产量竞争、价格竞争、具有差异化产品的价格竞争等）。阿斯普伦德和诺克的模型与霍彭海因的模型关键区别在于，他们的假设存在着价格竞争效应，这意味着原有企业收益与新进入企业数量负相关。利用简化的利润函数假设在模型中产生两种相互对抗的力量：（1）保持价格不变的情况下，市场规模的增加通过提高产量水平，等比例的增加所有企业的利润；（2）随着市场规模的增加，企业总数也增加，从而通过价格竞争效应降低了价格和价格—成本边际。主要的结论是市场规模的增加导致企业更替率的上升，降低了产业当中企业年龄的分布。他们使用瑞典美发沙龙的数据对这些结果提供了实证支持。

阿斯普伦德和诺克（2006）提出的模型能够随着产业达到稳定状态而产生持续的进入和退出，并且对市场特定因素，例如市场规模和固定成本等进行比较静态分析，这是十分有意义的。然而，他们提出的均衡方法尽管适用于研究稳定状态行为，但是当关注焦点是非均衡短暂路径上的企业行为时就不适用了。非均衡短暂路径包括在产业初始阶段或者达到稳定状态的自适应阶段上发生的震荡。与阿斯普伦德和诺克（2006）的研究相反，本文所呈现的模型设定了线性需求函数及古诺产量竞争。价格竞争效应作为进入—竞争过程的内生结果而产生。尽管在这个模型中所设定的函数形式比阿斯普伦德和诺克所使用的随机形式利润方法更为严格，但是这对于处理他们所提出的问题是必要的。为了检验市场特定因素对产业结构演化和绩效的影响，非常有必要全面设定需求和成本结构以使得相关变量，如价格、产量和市场份额是能够内生出的。这种设定可以实现对短暂阶段企业行为的全面细致分析，从而强化了我们对比较动态性质的认识。

2.2 马尔科夫完美均衡模型和计算方法

注意到在约万诺维奇的模型中生产者的学习是"被动"的，企业靠等待关于它们的真实成本证据的出现。佩克斯和麦克尼（1994）、埃里克森和佩克斯（1995），以及佩克斯和埃里克森（1998）假设生产者是"主动学习"，他们可以通过投资研发创新来影响其自身生产率。然而，研发创新的结果是随机的，并且那些受到一系列负面冲击的在位企业发现退出市场是最优选择。在具有企业进入和退出相互作用的寡头垄断动态模型中，所使用的解的概念是马尔科夫完美均衡（Markov Perfect Equilibrium，MPE），其中包含具有完美计算能力和理性企业做出的策略选择——具体内容见佩克斯和麦克尼（1994）、埃里克森和佩克斯（1995）的研究。

MPE 框架基于标准动态寡头垄断博弈理论方法。同样地，其模拟充分考虑其他参与人（企业）策略和行动的参与人之间策略性相互作用。在这些模型中的企业具有完全理性：它们最大化未来现金流的期望净现值，并充分考虑到在全产业受冲击的条件下竞争对手未来可能出现的状态。这意味着企业在决策制定中使用递归优化方法，因此，均衡解需要使用贝尔曼方程。考虑到模型设定的复杂程度，以及解的概念涉及递归法，这种方法需要极大的计算量。当然，这种方法从概念上能很好地处理产业动态的核心问题，然而，其成效受到多拉什泽尔斯基和佩克斯（Doraszelski and Pakes，2007）所描述的"维度诅咒"的限制：

计算均衡的计算负担如此之大，以至于常常限制了可分析应用问题的类型。存在两方面的计算可能限制了分析模型的复杂性：所需要的用于存储数值和策略的计算机内存，以及所需要的计算均衡用到的中央处理器（CPU）时间……如果我们像通常那样用无序状态计算转移概率，那么我们需要用于求和的计算延拓值的状态数量在企业数量和企业独特状态变量两方面都呈指数增长。

——多拉什泽尔斯基和佩克斯（2007，pp. 1951 – 1916，原文强调）

状态空间的指数增长源于企业数量的增加，或者是由于决策变量的设定对研究问题的尺度和范围造成显著的计算约束[2]。此外，在动态最优模型中，MPE 方法的分析结果在许多方面不能解释实证规律。

2.3 基于主体的计算经济方法

本书所采取的基于主体的计算经济方法（agent-based computational economics，ACE）是对 MPE 方法的可行替代。泰斯法森和贾德（Tesfatsion and Judd，2006）给出了一个精炼的描述：

ACE 是对经济过程的计算研究方法，它模拟了不需要具备完全理性和信息的相互作用主体间的动态系统。相较标准经济模型强调均衡性，ACE 模型强调经济过程，以及在长期可能或者不可能导致均衡的非均衡动态。标准经济模型需要仔细考虑均衡性质，而 ACE 模型需要详尽设定结构条件、制度安排和行为倾向。

——泰斯法森和贾德（2006，p. xi）

类似地，本书的模型用缺乏远见和有限理性替换了完美预见和理性的标准假设。这消除了需要估计所有企业未来所有可能状态的值和策略，从而避免了 MPE 方法所具有的"维度诅咒"。节约下来的计算机资源可以用于研究企业间复杂的相互作用，以及追踪大量企业相关内生变量随时间的变化。在当前研究中，对决策制定者的理性和预见性的降低，能够实现在随机环境中对企业和产业行为从初始发展阶段到成熟阶段做更为宽泛的分析。如此一来，基于主体的计算方法逐渐证明其在分析一系列问题方面的合理性，并且相较 MPE 模型，ACE 能产生丰富而细致的数据。

本书产业动态 ACE 模型的概念基础是依据由纳尔逊和温特（Nelson and Winter，1982）在其开创性的研究《经济变动的演进理论》（*An Evolutionary Theory of Economic change*）中所提出的演进观点。在这本书中，纳尔逊和温特发展了企业和市场行为的演进理论，作为对传统经济理论的替代。他们提出的广义理论摒弃了企业标准均衡模型中的完全理性和完美预见概念。相反，纳尔逊和温特将企业视为是"受到利润驱使并致力于寻找方法提高其利润的组织。但是在定义明确且内生性给定选择范围的情况下，企业的行为不能被假定为利润最大化"。他们所模拟的企业具有随时间改变的"特定能力和决策规则"，而这来自企业有意识的学习和随机事件。

纳尔逊和温特（1982）研究的关注点是企业和产业对非均衡市场条件变化的反应。假设企业具有有限的认知能力，他们利用计算机模拟作为主要的分析调查工具，追踪在市场中企业间相互作用的企业决策规则的精确路径。本书中所提出的 ACE 模型在市场竞争的流程以及作为分析工具的模拟方法实际选择上都与纳尔逊和温特的研究保持一致。

戴维（Dawid，2006）对 ACE 模型进行了全面的综述，并且（在纳尔逊和温特的演进框架下）特别说明了创新和技术变革的问题。他提供了使用 ACE 模拟方法处理这些问题的两个观点：

可以提出两个主要的观点来证明基于主体的模型确实能够对此类文献做出贡献。第一，正如以下所要讨论的，标准均衡模型的预测不会对实证研究所建立起来的典型事实给予满意解答。而这些典型事实在基于主体的模型中会相当自然地出现。第二，创新过程的真正属性相互结合需要超越具有完全理性贝叶斯代表性主体范畴的模拟方法。就我来看，ACE 模型能够很好地适用于将这些属性相互结合。

——戴维（2006，p.1237）

无论是在方法还是所讨论的问题方面，戴维（2006）所调查汇总的文献与本书所呈现的研究都高度相关。为了不重复这些工作，我建议读者参阅他的详细综述。

在经济领域多数基于主体的计算研究将焦点放在实证分析中，主要的研究目的是描述和解释"是什么"。这本书中所报告的研究也是这样的。然而，基于主体的计算方法的真正优势在于其潜在的规范分析。在许多领域都有致力于这一方向的研究：在公共健康领域设计应对传染病的控制策略（Epstein et al.，2006；Epstein et al.，2011；Parker and Epstein，2011）；在退休经济领域（Axtell and Epstein，2006）；在宏观经济政策设计领域（Dosi et al.，2006，2008，2010；Russo et al.，2007；Deissenberg et al.，2008；Mannaro et al.，2008；Neugart，2008；Neugart，2008；Westerhoff and Dieci，2008）；等等。

在产业组织领域中，通过设计和运用基于主体的实验平台，逊和泰斯法森、李等（Sun and Tesfatsion，2007；Li et al.，2011）及其合作者研究了电力市场当中的零售和批发一体化（integrated retail and wholesale，IRW）[3]。IRW 试验平台包括 AMES（Agent-based Modeling of Electricity Systems）电力批发市场实验平台。该平台作为一个被称为 AMES 市场包的开源软件工具（缩写词 AMES 代表电力系统的基于主体的模型）。AMES 试验平台的目的在于开展对电力批发市场的系统性试验研究。电力批发市场依据美国联邦能源规制委员会（US Federal Energy Regulatory Commissions，FERC）的市场设计进行了重组。

AMES 模型的核心特征是电力批发市场包括一个独立的系统运营商和一组能源贸易商（包括分布在输电网总线上的负荷服务实体和一般发电公司）。市场化过程被模拟为基于贸易商需求和供给的多时期相互作用，其中发电公司采用随机强化学习机制更新其行动选择可能性。然而，当前版本的模型不允许贸易商进入和退出电力批发市场。相反，贸易商被允许负债而非被迫退出。

AMES 模型全面展示出基于主体的计算模型如何被用于政策实验。尽管本书没有进一步探究，但是本书所提出的模型可以在反垄断政策和专利政策下通过探寻各种"如果—怎么样"的问题来达到相似的目标。本书所呈现的实证分析是研究这些问题的第一步[4]。

备　注

[1] 梅里兹（2003）是另一个将霍普纳恩的方法拓展到垄断竞争的研究者，尽管他所关注的是国际贸易。

[2] 尽管本研究尝试回避这一问题，但是仍存在于一般 MPE 方法概念框架中。详见温特劳布、本卡德和范罗伊（2008，2010）对此所做的研究。

[3] 详见该项目的详细说明，以及完整的工作论文和出版物清单。http：//wwwz. econ. iastate. edu/tesfatsi/IRWProject Home. htm.

[4] 参见弗里德曼（1953，p. 2）：规范经济学和经济学的艺术……不能独立于实证经济学。任何政策结论必须依赖于对做一件事而非另一件事结果的预测，无论是隐含还是明确地，预测应当基于实证经济学。

3 熊彼特竞争的动态模型

> 开拓国内外的新市场，或者将组织从手工作坊发展成像美国钢铁
> 公司那样的大型企业，都是相类似的产业突变过程（如果我可以用这
> 一生物学术语），包括经济结构不断地发生内部演化，不断地毁灭旧有
> 形式，不断地创造出新生事物。这一创造性破坏过程是资本主义的基
> 本事实。
>
> ——熊彼特（Schumpeter，1950，p.83）

模型需要有一组演化中的企业群体，这些企业通过不断重复着市场竞争而相互作用。这一过程的核心是企业掌握着不同的生产技术，并且它们通过研发创新机制随时间发展演化。本章首先讨论了企业进行研发活动的技术环境的概念框架。这主要的目的是通过关注一小部分概念基础来提出选择性模拟方法。这部分的讨论是非正式和完全直觉性的，并用到了数值实例。那么接下来主要讨论的是计算模型的正式表述。模型需要具备多阶段市场过程，在其中研发决策是根据产出、进入和退出决策而完全内生性决定的。

3.1 概念基础

模型的六个基本构成部分如下：

（1）生产过程被视为一个系统活动过程，其中每个活动可以通过该活动所能采用的有限数量方法之一来实现。

（2）企业技术由一组可选择方法的向量来定义，生产过程的每一个活

动部分有一种方法。假设每一个活动有两种可能方法，技术由 0 和 1 构成的向量来定义。

（3）企业的效率由其接近外部未知"最优技术"的程度来决定，并且在给定技术环境中唯一确定。

（4）以上所定义的企业效率程度决定了生产的边际成本。

（5）在给定的时点上，企业具有技术多样性。技术选择的变化导致了企业边际成本的不对称性，因而，企业通过市场竞争所获得的利润也产生差异。

（6）企业可能通过技术试验来寻求技术研发，例如，通过变换生产过程中所采取的一个或多个活动的方法来实现。

本书所采取的模拟方法为呈现这些具有企业进入和退出的市场竞争动态框架下的概念，提供了有形的、定量化的基础。

3.1.1 作为系统活动的生产过程

在整个模型中，生产过程被定义为一个竞争活动系统，这些活动相互配合赋予一个企业特定程度的生产效率。特别是依据设定，每一个活动表现为有限数量的不同状态，其中每个活动的给定状态代表了企业为这一活动所选择的（实际）方法。这个方法区别于传统经济和管理研究文献中的将活动视为是企业"基本的竞争优势单元"。米尔格罗姆和罗伯特（Milgrom and Roberts，1990）在他们针对现代制造业的互补原理研究中强调了在组织设计理论中，活动的经济和策略的重要性[1]。波特（Porter，1996）在管理战略研究中提出了相类似的观点[2]。

尽管互补性问题不是本模型讨论的重点，然而，将过程视为是一个活动系统的情况下，本书是基于相同的概念基础的。主要的模拟问题是如何将这个一般性观点转化为一个具体的模型，并通过该模型分析企业和产业行为，包括企业在面临不可预见的环境冲击下适时采取的研发活动。本书始于一个简化的数值描述的生产过程，并且直觉性地讨论技术、生产效率和研发概念。

具体来看，一个商品的生产包括了七项活动，我们将这些活动称为

"任务"。进一步地假设每个任务可以通过许多不同方法来实现，但是这些方法提供不同的效率水平。为了表述简便，我们将假设每一个任务有两种（2）不同的方法。在模型当中，方法使用二元变量来表示。具体地，两种可以获得的方法表示为 0 和 1。尽管在这一假设下每个任务仅有两种（即 2^1）方法，但是这也不失一般性。如果我们假设每个任务存在四种（即 2^2）可能的方法，它们可以表示为 $\{00, 01, 10, 11\}$。如果每个任务有八种可能的方法，那么可以表示为 $\{000, 001, 010, 100, 011, 110, 101, 111\}$。换句话说，每个任务可采用的方法总数量能够表示为 2 的幂，并且每个方法可由一串位元（0 和 1）唯一确定。

该商品的典型生产者（称其为 A）在给定时间点上，通过采用一组方法来进行生产，每个任务有一种方法。例如，它可能选择如下方法组合来完成任务：

任务	#1	#2	#3	#4	#5	#6	#7
方法	0	1	0	0	1	1	0

因此，在任务#1 中使用 0 方法，在任务#2 中使用 1 方法，在任务#3 中使用 0 方法，等等。另一个生产同种商品的生产者（称其为 B）可能使用不同的方法组合来完成相同的任务组合：

任务	#1	#2	#3	#4	#5	#6	#7
方法	1	1	0	1	0	1	0

这两个生产者在任务#2、#3、#6 和#7 当中使用相同的方法，而在#1、#4 和#5 中使用不同的方法。按照波特（1996）的研究，它们生产效率的任何差异源于这些生产者在任务当中使用不同的方法（事实上，这也应当取决于这些任务子集中存在的相互依赖，但是本书的模型通过假设完美模块化排除了这些可能性，如此一来，这些任务之间不存在着相互依赖[3]）。

那么方法的向量空间表示了生产者的技术。因为七个任务中的每一个存在着两种可能方法，技术空间的大小是 $2^7 \cong 128$ ，这意味着企业生产商品存在着 128 种不同的技术。

为了测量企业使用特定技术的利润率，我们需要在技术空间中为每个技术分配一个效率水平。反过来，效率水平决定了企业的边际成本。我们的方法是假设存在着唯一一组方法向量（对于全体企业来说）是最优的，并且在给定技术使用环境条件下可以最大化企业整体生产效率。作为例证，假设对于所有任务使用 0 方法的一组向量：

任务	#1	#2	#3	#4	#5	#6	#7
方法	0	0	0	0	0	0	0

方法的最优向量定义了企业的技术环境，在其中技术空间中任何技术的效率被假定为它有多接近最优向量。更为精确地，一个企业的生产效率假设是其自身技术向量和最优向量之间距离的减函数，其中，这个距离被定义为汉明（Hamming）距离，它是两个字符串（代表了两种技术）中位元间不同位置的数量。在我们的例子中，给定如上最优向量所定义的技术环境条件下，生产者 A 对于任务#1、#3、#4 和#7 使用的方法是最优的（与最优向量相同），但是对于任务#2、#5 和#6 使用的方法不是最优的。因此，对于生产者 A 来说，汉明距离是 3，因为存在着三个任务所用的方法偏离潜在最优方法。对于生产者 B 来说，汉明距离是 4。在我们的设定下，这意味着相较生产者 B，生产者 A（具有整体更高的效率）能够更好地适应于技术环境。在模型当中（由汉明距离测量的）生产效率程度通过预先设定好的规则（将在 3.2.2 中详细说明）传递到生产者的生产边际成本当中。

3.1.2 技术环境的变化

给定技术空间定义方式，技术环境的变化被模拟为最优技术向量内容的变化。这种变化之所以发生是因为技术环境受到来自外部的冲击，如其他相关行业的投资与创新，或者引入新的规制与政策，这两者都可能重新定义产业当中给定活动或任务设定的最优做法。在本书所提出的模型中，这由在每个时期开始时最优技术向量的一个或者多个位元"浮动"来表示。例如，之前所定义的最优向量可能变化为：

任务	#1	#2	#3	#4	#5	#6	#7
方法	0	0	0	1	0	0	0

    因此，除了任务#4 的方法 1 是该任务新的最优方法之外，其他所有任务的最优方法仍是 0。这一变化反映了技术环境的改变，并直接影响企业效率。作为变化的结果，生产者 A 现在经历着生产率的下降，因为它的距离最优技术的汉明距离从 3 变动到 4。然而，生产者 B 的生产率出现改进，因为它的距离最优技术的汉明距离从 4 变动到 3。虽然生产者 A 在之前的技术环境中是更为有效的生产者，但是技术环境的变化翻转了 A 和 B 的位置，使得 B 高于 A。

    该模型通过在每个时期以预先设定好的比率，随机浮动变化最优技术向量中的位元，捕获了这种类型的技术变化。这产生随机的重塑竞争企业边际成本的影响，进而在市场竞争演化过程中引入机会元素。

3.1.3 适应性研发

    本书中的模型将寻求研发视为是自适应搜索，企业探索技术空间来发现并采纳新的或是改进的技术。在我们的设定当中，"改进"意味着企业技术和主导最优技术之间的汉明距离缩短。换句话说，这是一个标准，据此企业在生产过程中探寻每个任务的最优方法。我们假设搜寻是在技术空间中向着现有最优方向随机游走（或者更为精确地说，是在技术空间所映射的效率面上随机游走）。

    让我们回到最初技术环境中，在其中对于所有活动的最优方法是 0。给定其当前技术，生产者 A 可能在任务#6 中尝试不同的方法，如将方法从 1 变到 0。所考虑的实验向量可能是：

任务	#1	#2	#3	#4	#5	#6	#7
方法	0	1	0	0	1	0	0

这一种可能的修改改进了企业的生产效率，因为其相距最优向量的汉明距离从 3 变动到 2。由于试验想法是内部产生的（通过意外发现或者通过对研发的高额投入），这被认为是创新研发。

另一种可能性是，生产者 A 可能有意无意地观察到生产者 B，从而在一些随机选择的任务，例如任务#1 中试图复制生产者 B 的方法。生产者 B 在任务#1 中的方法是 1，当生产者 A 复制后，A 的试验技术成为：

任务	#1	#2	#3	#4	#5	#6	#7
方法	1	1	0	0	1	1	0

当然，这使生产者 A 与生产者 B 更为相似，但是这也降低了生产者 A 的效率程度，因为该试验向量和最优技术向量之间的汉明距离现在是 4，这高于其当前技术。因此，试验向量不应当被采纳（假设企业的技术演化是完全精确的。尽管在模型的一部分中明确指定是试错过程可能更可取，但是这一简化假设降低了计算负担）。复制竞争对手的方法到自身的方法设定中的行为被称为"模仿"。如果试验结果改进了企业效率，那么这一外来想法将被实施，而这整个过程被称为模仿研发。

3.2 模型：基本特征

这一部分呈现的是具有内生性研发的产业动态一般计算模型。它完全形式化了以上描述的基本想法。

3.2.1 技术

在每个时期，企业通过生产和销售相同的产品来参与市场竞争。通过包括 N 种不同任务的工序生产商品。每个任务可以使用两种不同方法中的一种。即使所有的企业生产同类商品，他们也可能在 N 种组合任务中选择不同的方法组合。对于一个给定任务，企业所选择的方法由一个位元（0 或 1）来表示，如此一来，每个任务有两种可能的方法，从而有 2^N 种产品技术变化。在每个时期，企业的技术由一个 N 维的二元向量来表示，这充分体现了企业生产商品所使用的全部方法设定。

设 $z_i^t \in \{0,1\}^N$ 表示企业 i 在 t 时期的技术，其中 $z_i^t \equiv (z_i^t(1), z_i^t(2), \cdots, z_i^t(N))$，并且 $z_i^t(h) \in \{0,1\}$ 是企业 i 在任务 h 中选择的方法。我们使用"汉明距离"，测量两种技术 z_i^t 和 z_j^t（即方法向量）的差异程度，它是相应位元位置差异的数量：

$$D(z_i^t, z_j^t) \equiv \sum_{h=1}^{N} |z_i^t(h) - z_j^t(h)| \tag{3.1}$$

这个模型的核心观点是给定技术的效率依赖于它所在的环境。为了表示 t 时期主导的技术环境，我特别设定了唯一的方法向量 $\hat{z}^t = \{0,1\}^N$，被定义为在 t 时期产业的最优技术。在当前环境中企业所选择的技术表现如何，依赖于该技术在技术空间中距离主导最优技术有多近。更为具体地，企业 i 在 t 时期所实现的边际成本设定为 $D(z_i^t, \hat{z}^t)$ 的直接函数，这是企业所选择的技术 z_i^t 和最优技术 $\hat{z}^t$ 之间的汉明距离。企业事先并不知道 $\hat{z}^t$，但是通过观察它们的边际成本积极搜寻以尽可能地接近它。最优技术对于所有企业都是一样的，即在给定产业中所有企业面临着相同的技术环境。如此一来，一旦产业中的最优技术被确定下来，其技术环境对于所有企业来说也完全确定，这是因为任何技术的效率被定义为其相距最优技术距离的函数。

本模型允许技术环境波动。假设波动源自所研究产业的外部因素，如来自产业外部的技术创新。在一个接近新古典生产理论的框架中，可以将外部产生的创新视为能够影响企业相应投入价格的冲击。如果在任何给定时点上，企业采用具有不同投入组合的差异化生产过程，那么投入价格的这种变化将对企业生产过程的相关效率产生不同的影响——一些企业可能从冲击中获益，另一些却不能。来自外部的冲击（以不同程度的紧迫性）使受到影响的企业为了生存而开展一系列适应性活动。

在每个时期开始时的外部技术冲击重新定义了企业的生产环境，并且环境的变化通过改变企业在生产过程中用于不同活动的方法的有效性，影响了企业在竞争市场中的成本地位。这些出乎意料的破坏对企业的努力适应和生存产生新的挑战。这种外部冲击正是我尝试在本模型中进行的研究。我的方法是允许最优技术 $\hat{z}^t$ 从一个时期变动到另一个，它变动的频率和大小代表了技术环境的波动程度。作用机制的详情将在 3.3.1 节中详细说明。

最后，在给定时期 t，最优技术是唯一的。尽管多个最优技术的可能性是个有趣的问题，但是在这里不进行探讨，因为在一个波动环境中，最优技术是不断变化的，多个最优技术的重要性微乎其微[4]。张明勋（Chang, 2009）的研究是在技术环境具有稳定性，但其中有多个局部最优技术的情形中进行模拟，提出了一个替代方法[5]。在初始震荡阶段，产业对震荡的主要关注点之一是研究多目标优化对产业动态的影响。在当前研究中，我对在技术波动影响下的企业研发和更替更感兴趣。因此，我剔除了多元局部最优的可能性。

3.2.2　需求、成本和竞争

在每个时期，市场存在着有限数量的企业。在本节中，我定义了企业的静态市场均衡。这里所定义的静态市场均衡被用来表示在每个时期市场竞争的结果。

设 m^t 是 t 时期市场当中的企业数量。企业是古诺（Cournot）寡头，它们选择同质商品的产量。为了在这一设定中定义古诺均衡，暂且假设在均衡中所有 m^t 企业的生产是正向数量。在本节中，这一假设是完全为了方便解释。事实上，在所有 m^t 个企业不对称成本情况下，假设它们在均衡时生产正向数量是不合理的。这些企业中的一些可能选择不活跃，从而产出为零数量。基于企业生产成本，来划分活跃和不活跃企业的算法将在 3.3.2 节中详细说明。

（1）需求。

市场需求的逆函数表示为：

$$P^t(Q^t) = a - \frac{Q^t}{s^t} \tag{3.2}$$

其中 $Q^t = \sum_{j=1}^{m^t} q_j^t$，$s^t$ 表示在 t 时期的市场规模。注意到公式（3.2）可以倒置，变换为 $Q^t = s^t(a - P^t)$。因此，在给定市场价格时，市场规模成倍增加，需求量也成倍增加。需求函数的截距 a 假设是始终固定不变的（除了在第 8 章，全书中规模参数 s^t 也假设是不变的。第 8 章通过市场规模发生变化来检验周期性产业动态）。

（2）成本。

每个企业 i 在 t 时期的生产技术为 z_i^t，并且面临着如下总成本：

$$C^t(q_i^t) = f + c_i^t \times q_i^t \tag{3.3}$$

所有的企业具有确定的固定成本 f，并且随时间保持不变。

企业的边际成本 c_i^t 依赖于其技术 $\underline{z}_i^t$ 距离最优技术 $\hat{z}^t$ 的差距有多大。特别的，c_i^t 按照如下定义：

$$c_i^t(\underline{z}_i^t, \hat{z}^t) = 100 \times \frac{D(\underline{z}_i^t, \hat{z}^t)}{N} \tag{3.4}$$

因此，c_i^t 随着产业中企业所选择的技术与最优技术之间的汉明距离增加而增加。当 $\underline{z}_i^t = \hat{z}^t$ 时，它具有最小值零；当两种技术的所有 N 个位点都不相同时，它达到最大值 100。总成本可以被改写为：

$$C^t(q_i^t) = f + 100 \times \frac{D(\underline{z}_i^t, \hat{z}^t)}{N} \times q_i^t \tag{3.5}$$

本书假设技术不影响固定成本。

（3）短期市场均衡。

给定需求和成本函数，企业 i 的利润是：

$$\pi_i^t(q_i^t, Q^t - q_i^t) = \left(a - \frac{1}{s^t}\sum_{j=1}^{m^t} q_j^t\right) \times q_i^t - f - c_i^t \times q_i^t \tag{3.6}$$

对每个 i 求一阶导数并将所有 m^t 企业加总起来，推导出产业均衡产出率，从而通过等式（3.2）给出市场均衡价格 $\bar{P}^t$：

$$\bar{P}^t = \left(\frac{1}{m^t + 1}\right)\left(a + \sum_{j=1}^{m^t} c_j^t\right) \tag{3.7}$$

给定由企业选择的技术和最优技术所定义的边际成本向量，$\bar{P}^t$ 是唯一确定的，并且独立于市场规模 s^t。进一步地，市场均衡价格仅依赖于边际成本总和，而非 c_i^t 的分布（Bergstrom and Varian，1985）。

企业的均衡产出率为：

$$\bar{q}_i^t = s^t \Big[\Big(\frac{1}{m^t + 1} \Big) \Big(a + \sum_{j=1}^{m^t} c_j^t \Big) - c_i^t \Big] \tag{3.8}$$

注意到 $\bar{q}_i^t = s^t (\bar{P}^t - c_i^t)$ ，一个企业的均衡产出率依赖于其自身边际成本和市场价格。最终企业利润的古诺均衡是：

$$\pi_i^t (\bar{q}_i^t) = \bar{P}^t \times \bar{q}_i^t - f - c_i^t \times \bar{q}_i^t = \frac{1}{s^t} (\bar{q}_i^t)^2 - f \tag{3.9}$$

注意到 $\bar{q}_i^t$ 是 c_i^t 和 $\sum_{j=1}^{m^t} c_j^t$ 的函数，其中对于所有 k ，c_k^t 是 $\underline{z}_k^t$ 和 $\dot{z}^t$ 的函数。直接来说，一旦方法向量被所有企业所知，那么企业的均衡利润就完全确定下来。更进一步，由于 $c_i^t \leqslant c_k^t$ 意味着 $\bar{q}_i^t \geqslant \bar{q}_k^t$ ，因此，$\pi^t (\bar{q}_i^t) \geqslant \pi^t (\bar{q}_k^t) \, \forall i$ ，$k \in \{1, \cdots, m^t\}$ 。

使用古诺—纳什均衡与本书所采用的"有限理性"假设是不一致的。然而，模拟精确的市场试验过程可能将已经够复杂的模型进一步复杂化。因此，本书内含假设市场试验已经完成并且没有成本。古诺—纳什均衡被假设为是这一过程的合理近似。[6]

（4）一个转移：静态自由进入均衡。

在讨论模型的动态结构之前，来思考以上古诺寡头模型的纯粹静态版本，像教科书里描述的那样，存在着自由进入退出情况下的长期产业均衡中意味着什么是十分有用的。在静态版本的讨论中，我们将为所有变量标注时间上标。同样假设企业是技术同质的，从而对于所有 $i \in \{1, \cdots, m\}$ ，存在着 $c_i^t = c$ 。给定 m 个企业，在对称古诺—纳什均衡下每个企业的产量为 $\bar{q}(m) = \frac{s(a - c)}{m + 1}$ ，得出市场价格是 $\bar{P}(m) = \frac{a + mc}{m + 1}$ ，每个企业获得均衡利润为 $\bar{\pi}(m) = \frac{s(a - c)^2}{(m + 1)^2} - f$ 。

注意到均衡利润 $\bar{\pi}(m)$ 随着 m 递减而递减。自由进入均衡企业数量 $\bar{m}$ 必须满足：$\bar{\pi}(\bar{m} + 1) < 0$ 且 $\bar{\pi}(\bar{m} + 1) < \bar{\pi}(\bar{m})$ 。即 $\bar{m}$ 企业可以在产业中获利，而 $(\bar{m} + 1)$ 不能。我们可以定义 $\bar{m}$ 是满足 $\bar{\pi}(m) = 0$ 的 m ，这就是：

$$\overline{m} = (a - c)\sqrt{\frac{s}{f}} - 1 \qquad\qquad (3.10)$$

因此，$\overline{m}$ 与市场规模（s）正相关，与固定成本（f）负相关。在均衡中，更大的市场具有更多的企业，并且具有更高固定成本的市场有更少数量的企业[7]。

产业如何达到之前定义的均衡结构？对于非均衡调整过程的标准描述包括以下内容：当所有 $m < \overline{m}$ 时，企业获得正的经济利润，引发市场进入，导致 m 随时间上升；当所有 $m > \overline{m}$ 时，企业出现经济损失，引发市场退出，导致 m 随时间下降直至消失。在长期，产业趋向正好包括 $\overline{m}$ 个企业的稳定均衡结构，并且没有进一步的进入或退出。

注意这一内含的机制尽管能够确保达到稳定均衡，但是为何不能解释本书开始时提出的典型事实。在达到均衡的路径中没有震荡发生；一旦产业达到均衡没有进入和退出；即使发生在均衡之外，进入和退出也从未同时发生；对于为什么在给定产业中发生在均衡之外的进入和退出率应当更高或者更低，是什么因素造成的没有一个合理的解释。

产业的标准静态模型缺乏解释能力，从而促动了本书对动态模型的研究。我引入企业技术环境的持续外部冲击，从而将进入和退出的非均衡过程作为分析的核心。企业对研发的探求是内生性的，因此技术异质性（以及造成成本异质性的结果）成为产业动态的核心部分。下一节将描述这些特征如何在模型中得到体现。

3.3　模型：动态结构

在任何时期 t 的初始阶段，产业始于两组决策制定者，他们面临着由需求规模 s^t 决定的相同市场环境：（1）一组在位企业从 $t - 1$ 期存活过来，它们中的每一个在进入 t 时期时，具有从 $t - 1$ 期带过来的技术 $\underline{z}_i^{t-1}$ 和净资产 w_i^{t-1}；（2）一组潜在进入企业考虑在 t 时期进入产业，每一个企业具有技术 $\underline{z}_j^t$ 及其初始资产。所有的企业面临着它们的技术可以得到运用的相同技术环境。这个环境由产业在 t 时期的初始阶段外生给定的主导最优技术 $\hat{z}^t$ 全面代表。最优技术对于企业来说是事前未知的，并且也不必与 $\hat{z}^{t-1}$ 相同。

模型的核心是探讨企业随时间寻求最优技术，但是具有有限的预见能力。什么使得这个"反复"搜寻变得意义重大？是生产环境的随机性，即在一个时期当中的最优技术在下一个时期不必是最优的。这由最优技术 $\hat{z}^t$ 以系统性的方式从一个时期变动到下一个时期来体现。引导这一变化动态的机制将在下一节进行说明。

3.3.1　技术环境的波动

考虑一个二元向量 $\underline{x} \in \{0,1\}^N$。定义 $\delta(\underline{x},l) \subset \{0,1\}^N$ 是 x 距离 l 的汉明距离的点集。在汉明距离 l 中 x 的点集被定义为：

$$\Delta(\underline{x},l) \equiv U_{i=0}^l(\underline{x},i) \qquad (3.11)$$

下列规则掌控着最优技术的变化动态：

$$\hat{z}^t = \begin{cases} \hat{\underline{z}}' & \text{具有概率} \gamma \\ \hat{\underline{z}}^{t-1} & \text{具有概率} 1 - \gamma \end{cases}$$

其中 $\hat{z}' \in \Delta(\hat{z}',g)$，且 γ 和 g 随时间保持不变，则在当前技术 $\hat{z}^{t-1}$，g 个汉明距离中，最优技术变动到新技术的概率是 γ；而技术仍然保持在 $\hat{z}^{t-1}$ 不变的概率为 $1 - \gamma$。技术环境的波动由 γ 和 g 来体现，其中 γ 是概率，g 是技术环境的最大变化量。在本书的计算实验中，$\hat{z}'$ 依据均匀分布从 $\Delta(\hat{z}',g)$ 选择出来。

假设在企业做出任何决策之前的每个时期开始时，技术环境发生变化。而企业并不知道新环境当中的最优技术是什么，假设它们基于新环境做出进入决策或者开展研发时，获得关于其边际成本的精确信号[8]。这显然是一个强假设。更合适的方法可能是明确地模拟对新技术环境的学习过程；为了分析的简便，我舍弃了这一过程。

3.3.2　多阶段决策结构

技术环境 $\hat{z}^t$ 在每个时期开始时，企业做出决策之前就决定下来。每个时期包括四个决策阶段，见图 3.1。S^{t-1} 表示从 $t-1$ 生存下来的企业集合，其中 $S^0 = \varnothing$。所有生存企业包括在 $t-1$ 期仍活跃且产出是严格正向的企业，以及在之前时期工厂关闭且不活跃的企业。在 $t-1$ 期不活跃的企业生

存到 t 期，当且仅当它们有足够的净资产来弥补 $t-1$ 期的固定成本。每个 $i \in S^{t-1}$ 的企业具有从 $t-1$ 期带来的生产技术 z_i^{t-1}，该技术产生由等式 （3.4）定义的边际成本 c_i^{t-1}。企业也具有从 $t-1$ 期带来的当前净资产 w_i^{t-1}。

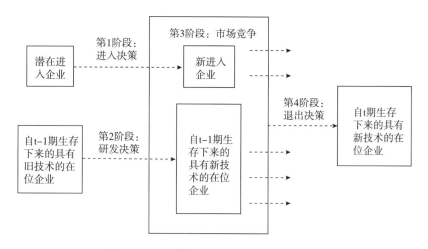

图 3.1   在 t 时期企业制定决策的四个阶段

设 R^t 表示潜在进入企业的有限集合，这些企业考虑在 t 时期开始时进入产业。假设在整个研究中潜在进入企业群的规模是固定在 r 上不变的，也假设潜在进入企业群 r 在每个时期进行更新。在 R^t 中的每个潜在进入企业 k 具有从 $\{0,1\}^N$ 中依据均匀分布随机选出的技术 $\underline{z}_k^t$。此外，每个潜在进入企业在它进入市场时具有一个固定的初始资产。

这一部分以及全书使用的符号定义如表 3.1 所示。

表 3.1   符号设定

符号	定义
S^t	在 t 时期结束时生存企业集合
S^t_+	在 t 时期 S^t 集合中能够获利的企业
R^t	在 t 时期开始时潜在的进入企业集合
E^t	在 t 时期真正进入企业集合
M^t	在 t 时期做好竞争准备的企业集合（ $= S^{t-1} \cup E^t$）
L^t	在 t 时期结束时退出产业的企业集合

第1阶段：进入决策。

在每个时期的第1阶段，在 R^t 中的潜在进入企业率先做进入决策。用 b 表示所有潜在进入企业共同的固定"初始"资产。初始资产 b 可以被视为是企业在支付一次性进入建设成本之后可使用的资金。例如，如果希望考虑企业资金为 0 的情况，但是必须支付正向的进入成本，那么自然会认为 b 是负值的。

设定潜在进入企业在制定进入决策时知道什么是重要的。潜在进入企业 k 知道其自身边际成本 c_k^t ，这是基于它的技术 z_k^t 和新环境 $\hat{z}^t$ ：潜在进入企业 k 不知道 $\hat{z}^t$ 的具体内容（每个活动的最优方法），但是仅获得关于 c_k^t （这决定于 $\hat{z}^t$ ）的精确信号。潜在进入企业也观察到市场价格和在位企业自 $t-1$ 时期的企业产出，即 $\bar{P}^{t-1}$ 和 $\bar{q}_i^{t-1} \ \forall i \in S^{t-1}$ 。给定这些观测和来自等式 (3.8) 的事实 $\bar{q}_i^t = s^t [\bar{P}^t - c_i^t]$ ， k 能够为所有 $i \in S^{t-1}$ 推断出 c_i^{t-1} 。尽管生存下来的在位企业的边际成本在 t 时期可能不同于 $t-1$ 期，但是本书假设潜在进入企业认为 c_i^{t-1} 保持固定不变，因为缺乏关于 $\hat{z}^t$ 的信息。接下来潜在进入企业 k 使用 c_k^t 和 $\{c_i^{t-1}\}_{\forall i \in S^{t-1}}$ 来计算在 t 期进入后的期望利润。表 3.2 总结了潜在进入企业和在位企业的决策环境。

表 3.2　　　　　　　　　　**企业决策制定的潜在信念**

潜在进入企业（k）	所有 $k \in R^t$	
给定	市场规模：s^t	
	技术环境：$\hat{z}^t$	
	赋予的技术水平：z_k^t	
信念	参与者集合：$S^{t-1} \cup k$	
	边际成本：$c_i^{t-1} \ \forall i \in S^{t-1}$ 且对于 k 具有 c_k^t	
生存下来的在位企业（j）	所有 $j \in S^{t-1}$	
给定	市场规模：s^t	
	技术环境：$\hat{z}^t$	
	当前的技术水平：z_j^{t-1}	

续表

潜在进入企业（k）	所有 $k \in R^t$
信念	参与者集合：S^{t-1}
	边际成本：$c_i^{t-1} \, \forall \, i \in S^{t-1}$
比较	c_j^{t-1} 和 $\tilde{c}_j^t$

给定以上信息，潜在进入企业的进入规则采取简化形式，即当且仅当在 t 时期企业感知到进入后的净资产是严格正向的。那么进入决策依赖于它在 t 时期进入后所期望获得的利润。该利润被假设为是基于在 $t-1$ 期活跃企业的边际成本计算得到的静态古诺均衡利润。并且这个企业也是市场中唯一新进入企业。每个潜在进入企业假设他自己是唯一进入企业显然是一个强假设。然而，设定该假设是基于两个原因：一是它具有简化的优点；二是卡默勒和洛瓦罗（Camerer and Lovallo, 1999）的研究为该假设提供了支持。他们的研究表明，在企业进入的实验设定下，多数研究对象对于进入过于自信，极为乐观。此外，他们发现：

当研究对象得知收益依赖于技能而自愿参与到进入活动时，过度进入非常严重。这些自我的研究对象似乎忽略了其他相关群体也认为他们具备技能的事实。

——卡默勒和洛瓦罗（Camerer and Lovallo, 1999, p. 307）

那么潜在进入企业 $k \in R^t$ 的决策规则是：

$$
\begin{cases}
\text{进入，当且仅当 } \pi_k^e(z_k^t) + b > \underline{W} \\
\text{不进入，其他}
\end{cases}
\tag{3.12}
$$

其中 π_k^e 是进入企业期望在其进入时能够获得的静态古诺均衡利润，$\underline{W}$ 是企业生存所需财富的临界值（对所有企业都相同）。

一旦在 R^t 中的每个潜在进入企业基于以上标准制定进入决策，那么真正进入企业的结果集 $E^t \subseteq R^t$ 仅包括那些具有足够有效技术来确保达到利润临界值的企业。利润临界值给予每个潜在进入企业关于市场结构和技术环境的信念。用 M^t 表示产业中准备竞争的企业集合：$M^t \equiv S^{t-1} \cup E^t$。在第 1 阶段 t 时期结束时，我们有一个界定清楚的竞争企业集合 M^t，它们的当前

净资产为 $\{w_i^{t-1}\}_{\forall i \in M^t}$ ，以及对于所有 $i \in S^{t-1}$ 的企业技术为 z_i^{t-1} ，对于所有 $j \in E^t$ 的企业技术为 z_j^t 。

第 2 阶段：研发决策。

从 $t-1$ 期生存下来的在位企业 S^{t-1} 进行研发创新来改进它们现有技术的效率水平。给定进入企业 E^t 具有新技术，它们在 t 时期不进行研发创新。此外，只有那些具有足够财富覆盖研发经费的企业进行研发。使用 I_i^t 表示在 t 时期由企业 i 支出的研发经费。

研发过程使得在位企业的技术由 z_i^{t-1} 变化到 z_i^t 。如果在 t 时期研发没有实施，或者实施了没有起到效果，那么 $z_i^t = z_i^{t-1}$ 。模拟这一技术变化过程将在 3.3.3 节单独做详细说明。

第 3 阶段：产出决策和市场竞争。

在第 2 阶段给定 S^{t-1} 中的企业制定研发决策，现在所有在 M^t 中的企业具有更新的技术 $\{z_i^t\}_{\forall i \in M^t}$ 。在具有更新技术条件下，企业在市场中进行古诺竞争，我们用在 3.2.2 节定义的古诺均衡来表示结果。

回顾 3.2.2 节，在所有 m^t 个企业生产正向产量的假设下，定义 m^t 个企业的均衡。事实上，给定非对称成本，认为在 M^t 中的所有企业在均衡时生产正向产出是没有理由的。一些相对无效率的企业可能关闭他们的工厂，并保持不活跃（但是仍支付固定成本）。我们需要一个机制来确定 M^t 个企业中活跃的企业集合，如此一来，这些企业的古诺均衡将确实仅需要正向的产出，这由以下几步来实现。始于一组初始活跃企业集合，计算每个企业的均衡产出。如果一个或多个企业的产出是负向的，那么从当前活跃企业集合中解除效率最低企业的活跃性，例如，当企业 i 是最低效率企业时，设 $q_i^t = 0$ 。重新定义活跃企业集合（之前活跃企业集合减去不活跃的企业）并重新计算均衡产出。重复这一过程，直到所有活跃企业都生产非负产出。每一个非活跃的企业生产零产出并招致经济损失等于其固定成本。每一个活跃企业生产其均衡产出并获得相应的利润。这样对于所有的 $i \in M^t$ 就有 π_i^t 。

第 4 阶段：退出决策。

在第 3 阶段博弈中得到的单一时期利润或损失，在 M^t 中的企业考虑在最后阶段退出产业。基于在第 3 阶段获得的利润（或损失）以及在第 2 阶段支付的研发费用，每个企业的净资产首次获得更新[9]：

$$w_i^t = w_i^{t-1} + \pi_i^t - I_i^t \qquad (3.13)$$

其中 I_i^t 是企业在第 2 阶段支付的研发费用。那么每个企业的退出决策规则为：

$$\begin{cases} 停留，当且仅当\,w_i^t \geqslant \underline{W} \\ 退出，其他 \end{cases} \qquad (3.14)$$

其中 $\underline{W}$ 是之前定义的净资产临界值，如此一来，所有当前净资产低于 $\underline{W}$ 的企业退出市场。定义 L^t 是在 t 时期退出市场的企业集合。一旦在 M^t 中所有企业做出退出决策，那么自 t 时期生存下来的企业集合定义为：

$$S^t \equiv \{所有\,i \in M^t \,|\, w_i^t \geqslant \underline{W}\} \qquad (3.15)$$

生存企业集合 S^t 的当前技术 $\{z_i^t\}_{\forall i \in S^t}$ 和当前净资产 $\{w_i^t\}_{\forall i \in S^t}$ 作为状态变量传递到 $t+1$ 期。

使用基础模型的前期研究。

之前描述的模型变化已经用于两个发表的论文当中。张（Chang，2009，2011）在两篇论文中都假定第 2 阶段的研发活动是外生的且没有成本。具体来说，研发被视为是偶然发现，在其中为了试验，一个或多个任务所用到的方法在每个时期随机变化。张（2009）假设有一个稳定的技术环境，其中的最优技术不会从一个时期变动到下一个，即 $\gamma = 0$。相反，技术本身被假定为是复杂的，如此一来就存在着多重最优。主要的关注点是紧随产业诞生后的产业生命周期的震荡阶段。该模型产生震荡的方式与实证观测结果是一致的。

张（2011）的研究允许技术环境发生波动，即 $\gamma > 0$，就像本书中的一样。研究的关注点是包含一系列进入和退出的长期稳定状态。与实证研究发现相一致（Dunne et al.，1988），该模型产生持续的进入和退出。并且与实证观测也一致，同时期进入、退出率展现出正相关性。与具有不同市场特征的产业间企业更替率相比，该研究发现所有产业间的平均进入、退出率趋于集中。具有高于平均进入率的产业也可能具有高于平均水平的退出率。进一步地深入探究市场独特因素如何影响企业的更替率，进而影响市场结构的稳定状态，张（2011）发现企业更替率和产业集中度是正相关的[10]。所有这些结论在当前研发内生性的模型中也有效。

两篇论文都提供了建立产业动态模型的基础。对于模型的验证通过产生与实证观测相一致的结论而实现。这些早期模型不如熊彼特竞争模型适用，因为研发过程被设定为是外生的。在本书中所呈现的模型，设定研发决策是完全内生的，进而在一个由熊彼特提出的创造性破坏的统一模型中，研究研发和企业更替之间的关系。

3.3.3 研发过程内生化

如果我们知道我们将要做什么，那么这就不叫作研究了，不是吗？

——阿尔伯特·爱因斯坦（Albert Einstein）

在这个模型中，研发过程是内生的。这一过程与 3.3.2 节中所描述的从 z_i^{t-1} 变化到 z_i^t 的第 2 阶段过程相对应。我模拟了由一系列选择可能性所驱动的与研发相关的决策。选择可能性基于强化学习机制随时间的演变。如果一个企业决定进行研发，它可以通过创新或者模仿。研发费用的大小依赖于企业选择哪一种方式：创新成本是一个固定数量 K_{IN}，而模仿成本是 K_{IM}。因此，企业进行研发的充分条件是有足够的净资产来覆盖最大化研发支出：

$$w_i^{t-1} \geqslant \max\{K_{IN}, K_{IM}\} \qquad (3.16)$$

在本书的计算实验报告中，假设 $K_{IN} > K_{IM}$。

图 3.2 展现了研发过程的多个阶段。这个模型的关键部分在于研发决策的不同部分如何实施。首先，每个企业 i 有 α_i^t 和 β_i^t 两种可能性，并且它们通过强化学习机制随时间变动。每个时期，企业 i 选择进行研发的可能性为 α_i^t，不进行研发的可能性为 $1 - \alpha_i^t$。如果企业选择不进行研发，那么它将保持原有技术，因此 $z_i^t = z_i^{t-1}$。然而，如果企业选择进行研发，那么具有 β_i^t 的可能性选择"创新"，$1 - \beta_i^t$ 的可能性选择"模仿"（正如之前提到的，α_i^t 和 β_i^t 都是内生的，它们如何从一个时期变动到下一个时期将在后续进行讨论）。

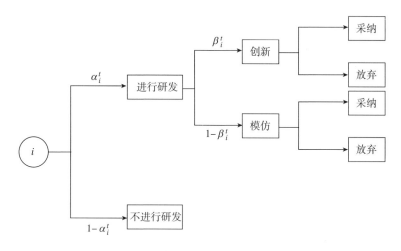

图 3.2 在第 2 阶段研发决策次序

当企业考虑改变其随机选择活动中的一项方法时（即浮动位点），创新发生；当企业（i）从子集 S^{t-1} 中选择另一个企业（j），并考虑拷贝 j 企业在随机选择活动中所用到的一项方法，而企业 i 的其他所有活动的方法保持不变，模仿发生（因此，模仿企业仅能拷贝整个技术中很小的一部分[11]）。

仅有那些从 $t-1$ 期生存下来的，能够获利的（即 $\pi_k^{t-1} > 0$）企业被视为潜在模仿对象。设 S_+^{t-1} 表示那些获利企业集合，其中 $S_+^{t-1} \subseteq S^{t-1}$。企业模仿对象的选择可能依据"轮盘赌算法"。更为具体地，企业 $i \in S^{t-1}$ 观察到企业 $j \in S_+^{t-1}$ 的可能性表示为 p_{ij}^t，并按如下定义：

$$p_{ij}^t = \pi_j^{t-1} \Big/ \Big(\sum_{\forall k \in S_+^{t-1}, k \neq i} \pi_k^{t-1} \Big) \tag{3.17}$$

如此一来，$\sum_{\forall j \in S_+^{t-1}, j \neq i} p_{ij}^t = 1 \, \forall i \in S^{t-1}$。因此，盈利越多的企业越可能成为被模仿的对象。

设 $\tilde{z}_i^t$ 表示企业 i 通过创新或模仿获得的试验方法向量（即考虑可能采用的技术）。采纳决策规则如下：

$$z_i^t = \begin{cases} \tilde{z}_i^t, & \text{当且仅当 } c_i(\tilde{z}_i^t, \underline{z}^t) < c_i(\underline{z}_i^{t-1}, \underline{z}^t) \\ \underline{z}_i^{t-1}, & \text{其他} \end{cases} \tag{3.18}$$

企业 i 采纳推荐技术，当且仅当它将边际成本降低到获得当前技术成本水平之下，而当前技术是由企业自上一期所带来的[12]。因此，当推荐技术距离最优技术的汉明距离小于当前技术时，采纳才可能发生。注意到这个条件等价于企业盈利能力条件。当在位企业将其他所有在位企业的边际成本视为是给定的，那么它利润提高的唯一方法是其通过研发降低边际成本。

注意到企业 i 在 t 时期的研发费用依赖于它所采取的研发活动类型：

$$I_i^t = \begin{cases} 0 & \text{如果不进行研发} \\ K_{IN} & \text{如果进行研发且选择创新} \\ K_{IM} & \text{如果进行研发且选择模仿} \end{cases} \quad (3.19)$$

重新回到对选择可能性 α_i^t 和 β_i^t 的讨论。两个可能性都是内生的，并且每个企业都是独特的。具体的，它们由个体企业依据强化学习规则而随时间进行调整。本书采用由卡默勒和霍（Camerer and Ho，1999）提出的经历—加权吸引力学习规则。根据这个规则，企业对每一个可能的行动方案具有用数值表示的吸引力。学习规则指定吸引力如何通过企业经历而更新，以及选择不同行动方案的可能性如何依赖于这些吸引力。主要特征是由行动方案产生的正向结果强化了相同行动被再次选择的可能性。

正式地，选择可能性 α_i^t 和 β_i^t 决定于对吸引力（$A_i^t, \bar{A}_i^t$）和（$B_i^t, \bar{B}_i^t$）的测量，具体如下：

$$\alpha_i^t = \frac{A_i^t}{A_i^t + \bar{A}_i^t} \; ; \; \beta_i^t = \frac{B_i^t}{B_i^t + \bar{B}_i^t} \quad (3.20)$$

其中，A_i^t 是研发的吸引力，$\bar{A}_i^t$ 是不进行研发的吸引力；B_i^t 是创新的吸引力，$\bar{B}_i^t$ 是模仿的吸引力。

在每个时期结束时，α_i^t 和 β_i^t 基于这些对吸引力测算的变化值进行调整。表3.3展现了在所有可能情况下这些吸引力的动态调整。根据这一规则，当研发（无论是通过创新还是模仿）具有成效并且产生的想法是可采纳的时候，A_i^t 增加一单位。相反，当研发没有效果或者想法被放弃时，$\bar{A}_i^t$ 增加一单位。

表 3.3   吸引力的演变

决策路径			吸引力的更新			
不进行研发			$A_i^{t+1} = A_i^t$	$\bar{A}_i^{t+1} = \bar{A}_i^t$	$B_i^{t+1} = B_i^t$	$\bar{B}_i^{t+1} = \bar{B}_i^t$
进行研发	创新	采纳	$A_i^{t+1} = A_i^t + 1$	$\bar{A}_i^{t+1} = \bar{A}_i^t$	$B_i^{t+1} = B_i^t + 1$	$\bar{B}_i^{t+1} = \bar{B}_i^t$
		放弃	$A_i^{t+1} = A_i^t$	$\bar{A}_i^{t+1} = \bar{A}_i^t + 1$	$B_i^{t+1} = B_i^t$	$\bar{B}_i^{t+1} = \bar{B}_i^t + 1$
	模仿	采纳	$A_i^{t+1} = A_i^t + 1$	$\bar{A}_i^{t+1} = \bar{A}_i^t$	$B_i^{t+1} = B_i^t$	$\bar{B}_i^{t+1} = \bar{B}_i^t + 1$
		放弃	$A_i^{t+1} = A_i^t$	$\bar{A}_i^{t+1} = \bar{A}_i^t + 1$	$B_i^{t+1} = B_i^t + 1$	$\bar{B}_i^{t+1} = \bar{B}_i^t$

在创新和模仿之间做出选择方面，如果通过创新进行研发是有效的并且产生的想法被采纳，或者通过模仿进行研发是有效的，并且产生的想法被放弃，那么 B_i^t 增加一单位。因此，如果创新是有效的，或者模仿是无效的，那么创新的吸引力增加。相反，如果通过模仿进行研发并产生一个想法，且被采纳，即模仿是有效的，或者通过创新进行研发并产生一个想法，但被放弃，即创新是无效的，那么 $\bar{B}_i^t$ 增加一单位。如果没有研发是有效的，所有的吸引力将不发生变化。

最终，在 E^t 中所有新的进入企业本身具有初始的吸引力，使得它们在进入时，面对可行选择是无差异的。具体的，假设对于新进入企业来说，$A_i^t = \bar{A}_i^t = 10$ 且 $B_i^t = \bar{B}_i^t = 10$，如此一来，对于所有 i 来说，$\alpha_i^t = \beta_i^t = 0.5$，这意味着所有新进入企业具有在研发或者不进行研发，以及创新或者模仿之间均等变化的可能性。当然，随着企业制定不同的研发策略，获得不同的市场经历，这些吸引力将最终产生分化。

备　注

[1] 详见米格罗姆和罗伯茨的研究（Milgrom and Roberts，1990，p. 514，原文强调）：在这里，我们使用"互补"的术语不仅是因为它在传统意义上指成对投入之间的关系，也指更广泛意义上的不同活动集合之间的关系。这些互补集合的定义特征是如果这些活动的任何水平上的子集增加，那么任何或者全部剩下活动的边际报酬也提高。同样地，如果与一些活动相联系的边际成本下降，那么最好增加该分组内所有活动的水平。

[2] 详见波特的研究（Porter，1996，p. 62）：最终，企业间在成本或价格方面的所

有差异来自成百上千的需要创造、生产、销售，以及发送货物或服务的活动，例如拜访客户、装配最终产品和培训员工。成本产生自经营活动，而成本优势源自相较竞争对手能更有效地开展独特活动。相类似的，差异化来自活动选择以及如何实施。如此一来，活动是竞争优势的基本单位。整体优势或劣势源自一个企业的全部活动，而非其中的一些。

［3］活动体系方法源自考夫曼（Kauffman，1993）提出的 NK 模型。最初的 NK 模型用于分析活动子集之间相互作用而产生的"复杂"问题。尽管所提出的模型能够完全囊括这一特征，但是我更关注产业动态和市场竞争特点。因此，通过设定不同活动构成相互区别，并且没有相互作用，我设定出一个"简化"的生产过程。这一假设的内涵是在技术空间中存在"唯一"的最优。然而，张（Chang，2009）深入研究了生产复杂性及其如何影响新生产业的震荡动态。该研究的模型使用了由考夫曼提出的 NK 模型。不同活动之间相互作用的存在导致技术空间中的多元最优解。

［4］实际上，多元最优问题是生产互补性文献所关注的核心。详见米格罗姆和罗伯茨（1990）、波特（1996）的研究。

［5］当假设生产过程是复杂的，那么多元最优就会自然产生，如一些或者所有活动是相互独立的（考夫曼，1993）。

［6］来自试验经济学的文献确实支持这一相当大胆的假设。在他们具有开创性的研究中，瑞克和西格尔（1963）进行了具有在不完全信息条件下产量调节古诺寡头参与的试验。他们发现在许多具有双寡头和三寡头情形下的试验都能得出古诺—纳什均衡。相类似的，考克斯和瓦尔克（1998）在古诺双寡头条件下使用线性需求和不变边际成本，发现如果一个稳定均衡存在，那么他们试验的参与者在仅仅过了几期之后就能学会进行古诺—纳什均衡博弈。即使最优的反馈动态并不需要收敛于具有超过三个企业的寡头（赛奥哈里斯，1960），赫克等学者（1999）发现如果假设企业在其策略选择中展现出一定程度的惰性，那么最优的反馈过程不会收敛。对于更为一般的讨论以及涉及寡头行为试验处理的文献综述，请参考阿莫斯特朗和赫克（2010）的研究。

［7］本书第 6 章中所呈现的动态模型预测了当产业遭受持续的技术冲击时，在稳定状态中有相同的关系。

［8］值得注意的是在给定企业技术的条件下，有超过一个的最优技术能够产生相同的边际成本。

［9］从第 2 阶段或第 4 阶段的净资产中减去研发支出并不重要。在市场竞争开始时，它是沉没成本，因此在第 3 阶段对企业产出决策没有影响。

［10］更替率是相对于运营企业总数量的进入（或退出）数量。

［11］这是本研究所假设的认识局限性的一个方面。今后可以深入研究的一个问题是放松这一假设，并检验企业的认识能力对企业和产业层面不同结果的影响。这一问题不在这里深入讨论。

［12］我假设通过企业生产效率（由边际成本水平来表示）来评估技术具有完全的准确性。尽管这一假设明显不合实际，但是它避免了模型过重的运算负荷。

4 在计算机中培育一个产业

万物如此，皆因其本。

——达西·温特沃斯·汤普森（D'Arcy Wentworth Thompson）*

本研究所使用的计算机方法能够使得我们通过在计算机中"创造并培育"一个产业来实施控制实验[1]。该程序始于一个空白的产业，即 $S^0 = \varnothing$。产业的"诞生"由在 $t = 1$ 期进入产业的初始企业群体表示。市场竞争以及它们的进入决定了生存下来的在位企业集合。而生存下来的在位企业，连同一批新的潜在进入企业集合，经历第 3 章所描述的多阶段决策过程。技术环境的波动和多主体的决策过程之间动态性的相互作用，驱动着产业在长期的成长和发展。

在本章中，我设定了初始状态的系数值，并从研究整体上描述了不同系数的构造。我也描述了分析所追踪的内生性变量，并给出了一个产业成长和发展路径的可视化展示。该产业是由初始系数所构建起来的。初始状态提供的基础用来对以后章节计算结果进行比较动态分析。

4.1 计算机试验设计

用模型中的系数设定对一个产业进行特征化表示。表 4.1 包括本研究中基础模拟所使用的系数值。

表 4.1　　　　　　　　　　　　　系数及其取值

符号	定义	基本值	所有值
N	任务数量	96	96
r	每个时期潜在进入企业的数量	40	40
b	新进入企业的初始财富	0	0
$\underline{W}$	生存下来所需的净财富阈值	0	0
a	需求截距	300	300
f	固定生产成本	200	{200，300，400，500}
K_{IN}	创新的固定成本	100	{100，300，500，700}
K_{IM}	模仿的固定成本	50	{50，150，250，350}
A_i^0	进行研发的初始吸引力	10	10
$\bar{A}_i^0$	不进行研发的初始吸引力	10	10
B_i^0	进行创新的初始吸引力	10	10
$\bar{B}_i^0$	进行模仿的初始吸引力	10	10
T	时间范围	5000	5000
s	当需求不波动时的市场规模	4	{3，4，5，6}
γ	技术环境的变化率	0.1	{0，0.1}
g	技术环境的最大变化值	8	8

　　生产过程设定为 96 项不同的任务（$N=96$），每个任务所选择的方法由一个位元来表示。这意味着对于完整的生产过程，存在 2^{96}（$\cong 8 \times 10^{28}$）种不同的方法组合。每个时期，有 40 个潜在企业考虑进入该产业，其中新企业以 0 初始资产进入。在位企业将会退出产业，如果它的净资产下降到 0 临界水平（$\underline{W}$）以下。需求函数的截距（a）固定在 300。除了在第 7 章的分析之外，创新成本（K_{IN}）固定在 100，模仿成本（K_{IM}）固定在 50。在第 7 章，我们通过四组 K_{IN} 和 K_{IM} 的距离：$(K_{IN},K_{IM}) \in \{(100,50),(300,150),(500,250),(700,350)\}$ 来检验研发成本的影响。

　　所有研发活动的初始吸引力设定为研发或者不进行研发（$A_i^0 = \bar{A}_i^0 = 10$），以及创新或者模拟（$B_i^0 = \bar{B}_i^0 = 10$）的吸引力对于新进入企业来说是无差别的。技术环境的变化率设定为 $\gamma = 0.1$。技术环境变化的最大值（g）固定在 8，即 $t-1$ 期和 t 期的最优技术的汉明距离不能超过 8 个位元。

时间期限（T）超过 5000 个时期，其中在第 1 期市场始于空白状态。对模拟结果的检验表明 5000 个时期足够在该研究所设定的系数值下产业达到稳定状态。

为了分析基准模型并达到长期稳定状态，设定市场规模随时间不变，即对于所有 t 来说，$s^t = s$。在第 8 章中，为了研究存在需求波动情况下的产业周期性动态，允许市场规模发生波动。在本章以及接下来的三章中，分析的焦点是市场规模（s）和固定成本（f）对产业动态的影响。对于这两个系数，考虑四种不同的值：$s \in \{3, 4, 5, 6\}$ 和 $f \in \{200, 300, 400, 500\}$。

模拟起始于一个具有上述系数设置的空白产业。随着产业演化，通过持续追踪以下内生变量来跟踪产业的发展：

$|E^t|$：在 t 时期开始时，进入产业的企业数量；

$|L^t|$：在 t 时期结束时，离开产业的企业数量；

$|M^t|$：在时期 t 产业当中的企业数量（包括活动和非活动的企业）；

$|S^t|$：生存到 $t = (|M^t| - |L^t|)$ 时期结束时的企业数量；

P^t：在 t 时期进行交易的物品的市场价格；

$\{c_i^t\}_{\forall i \in M^t}$：在 t 时期产业中所有企业所产生的边际成本；

$\{q_i^t\}_{\forall i \in M^t}$：在 t 时期产业中所有企业的真实产量；

$\{\pi_i^t\}_{\forall i \in M^t}$：在 t 时期产业中所有企业所实现的利润（或损失）；

$\{age_i^t\}_{\forall i \in M^t}$：在 t 时期产业中所有企业的年限；

$\{\alpha_i^t\}_{\forall i \in M^t}$：在 t 时期产业中所有企业的研发强度；

$\{\beta_i^t\}_{\forall i \in M^t}$：在 t 时期产业中所有企业的创新强度；

$\{I_i^t\}_{\forall i \in M^t}$：在 t 时期产业中所有企业的研发支出（如果企业不进行任何研发 $I_i^t = 0$；如果企业 i 进行创新 $I_i^t = K_{IN}$；如果企业 i 进行模仿 $I_i^t = K_{IM}$）。

使用上述变量，构建起另一组内生变量。这些变量具有产业中所有企业的群体行为特征。首先，由 Q^t 和 Π^t 表示在 t 时期所有企业的总产量和总利润：$Q^t = \sum_{\forall j \in M^t} q_j^t$ 和 $\Pi^t = \sum_{\forall j \in M^t} \pi_j^t$。

注意到在长期，市场规模和固定成本都可能对产业中可维持的企业数量产生显著影响。因为企业更替的程度必须被视为与产业规模相关，所以构建进入和退出率，分别为在 t 时期新进入企业的数量和退出企业的数量与企业总数的比率：

$$ER^t = \frac{|E^t|}{|M^t|} \text{ 和 } XR^t = \frac{|L^t|}{|M^t|} \qquad (4.1)$$

那么在 t 时期，企业生存率是 $1 - XR^t$。

使用赫芬达尔—赫希曼指数作为集中度的测量，H^t：

$$H^t = \sum_{\forall i \in M^t} \left(\frac{q_i^t}{Q^t} \times 100 \right)^2 \qquad (4.2)$$

该模型一个新颖的地方是技术异质性如何导致企业间成本的不对称性。为了探究产业中技术演化的异质性，我引入了对"技术多样性程度"的测量，DIV^t。它定义为所有企业群体的平均技术差异与最大可能差异之间的比率。更为具体地，首先注意到任何两个技术之间的最大差异是当它们的汉明距离为 N。平均汉明距离，即比率的分子，是由群体中所有不同成对企业的平均汉明距离计算得出。因为企业集合 M^t 包括 $|M^t|$ 个企业的总和，由它们所构成的不同成对企业的总数量为：$\frac{1}{2}|M^t|(|M^t|-1)$。那么技术多样性程度计算为：

$$DIV^t = \frac{2}{N|M^t|(|M^t|-1)} \sum_{\substack{\forall i,j \in M^t \\ i \neq j}} D(z_i^t, z_j^t) \qquad (4.3)$$

企业技术异质性的实际运用是它们在生产效率及市场份额方面产生的非对称性。注意到在每个时期 t，企业 i 的市场份额定义为 $\frac{q_i^t}{Q^t}$。那么在 t 时期，市场份额的不平均由基尼系数来表示，即 G^t，计算为：

$$G^t = \frac{2 \sum_{i=1}^{|M^t|} \left(i \times \frac{q_i^t}{Q^t} \right)}{|M^t|} - \frac{|M^t|+1}{|M^t|} \qquad (4.4)$$

通过观测产业中研发支出的总量，来检验研发活动的总强度：

$$TRD^t = \sum_{\forall i \in M^t} I_i^t \qquad (4.5)$$

如果一个企业或者通过创新，或者通过模仿进行研发。在 t 时期研发支出的总量 $\sum_{\forall i \in M^t} I_i^t$ 包括企业进行创新的总支出和企业进行模仿的总支出（值得注意的是不活跃的企业，生产零产出，也要支付固定成本，但是如果它们有足够的净资产，仍可能选择进行研发，从而产生这些支出）。由 TCN^t 表示在 t 时期，所有企业用于创新（而非模仿）的总支出。设 NRD^t 为在总研发支出中的创新成本份额：

$$NRD^t = \frac{TCN^t}{TRD^t} \tag{4.6}$$

因此，NRD^t 测量了产业投资创新而非模仿的相对倾向。

为了对产业生产效率进行总体测量，我构建了产业边际成本（WMC^t），表示为：

$$WMC^t = \sum_{\forall i \in M^t} \left[\left(\frac{q_i^t}{Q^t} \right) \times c_i^t \right] \tag{4.7}$$

因此，WMC^t 是在 t 时期个体企业边际成本的加权平均，其中的权重是在该时期企业的市场份额。

为了评估企业市场势力，也构建了一个企业价格—成本边际的总测量（PCM^t），表示为：

$$PCM^t = \sum_{\forall i \in M^t} \left[\left(\frac{q_i^t}{Q^t} \right) \times \left(\frac{P^t - c_i^t}{P^t} \right) \right] \tag{4.8}$$

PCM^t 是在 t 时期个体企业的价格—成本边际的加权平均，其中的权重是企业的市场份额。

为了测算消费者福利，计算了在需求曲线之下，市场价格之上的三角区域作为消费者剩余：

$$CS^t = \frac{1}{2} (a - P^t) Q^t \tag{4.9}$$

其中，P^t 和 Q^t 是在 t 时期的实际价格和总产出。

最终，整体社会福利的总剩余由消费者剩余和总利润之和来计算：

$$TS^t = CS^t + \Pi^t \tag{4.10}$$

4.2　基准：产生的初始形态

分析的第一步是检验特定产业的演化结构，该产业具有表 4.1 所给出的基本系数值。这里所讨论的基本情形，以及在第 5 ~ 第 7 章作为对比动态分析进行检验的情形，均假设市场需求是完全固定的，因此，对于所有 t，存在 $s^t = \hat{s}(=4)$。企业决策环境的任何变化仅仅是因为技术环境的随机冲击。外部的技术冲击通过直接影响企业的当前边际成本，造成企业的进入和退出。但是它们也引发企业在对最优新技术进行搜寻过程中的适应性研发。在诞生后的初始过渡时期之后，产业进入稳定状态，表示产业状态的每一个内生性变量，围绕着具有有限方差的常数均值上下波动。

　　本研究始于关注单一随机性选择重复过程，并且观测在产业从诞生发展到完全成熟的 5000 期中，三个更替变量的内生性时间路径：（a）进入企业的数量 $|E^t|$；（b）退出企业的数量 $|L^t|$；（c）企业总数量 $|M^t|$。所得结果如图 4.1 所示。

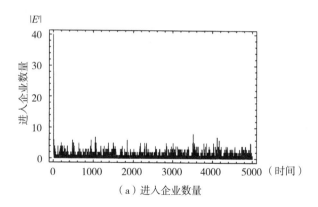

（a）进入企业数量

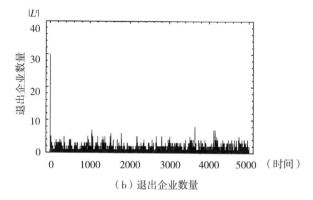

（b）退出企业数量

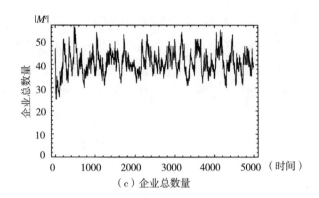

（c）企业总数量

图 4.1   运行 1 次复制仿真的内生性更替时间序列

图 4.1（a）表明在产业诞生时，新进入企业数量的初始剧增。潜在进入企业的整个集合（40）在产业刚诞生时涌入其中。该涌入过程很快就缓慢下来，产业进入稳定状态，可以观测到在水平线上新进入企业数量持续不断地波动。图 4.1（b）的退出企业数量表现出进入时的急剧增长，立即跟随着大量地退出，这意味着最初进入产业的大量企业很快由于激烈地市场竞争（如一个"震荡"）而被迫退出。在初始震荡之后，产业经历稳定的企业流出，这伴随着在图 4.1（a）中所展现的企业稳定地流入。因此，我们能够观测到持续正向的进入和退出。

持续的进入和退出流相互作用，产生了图 4.1（c）所展示的企业总数量 $|M^t|$ 的时间序列。企业总数量当中包括活跃和非活跃企业。时间路径表明企业数量随时间表现出巨大的波动，尽管在 $t = 1000$ 之后，它围绕着稳定的移动平均数（$\cong 41$）变动。这意味着 $|E^t|$ 和 $|L^t|$ 的时间序列之间具有正相关关系。对于图 4.1 所报告的基本运行结果，进入和退出数量的相关性是 0.58，而进入和退出率的相关性是 0.57。本研究所尝试的其他所有运行结果都表明进入和退出数量（比率）是正相关的。在第 5 章中，进入和退出率的联动将进行详细讨论。

图 4.1 所展现的时间路径是本研究尝试的所有重复试验的代表。使用相同的基础系数值，但是更新随机数量（这决定了初始技术和周期性冲击）进行多次重复试验，由随机过程所产生的特定时期的结果分布在 $t > 1000$ 是时期

不变的。图 4.2 呈现了与图 4.1 相同变量的时间序列结果，500 次独立重复试验的平均是：$\left\{\dfrac{1}{500}\displaystyle\sum_{k=1}^{500}X_k^t\right\}_{t=1}^{5000}$，其中 X_k^t 是内生性变量 (X) 在第 k 次重复运行的 t 时期的值。与预期相一致，企业数量平均在 $t=1000$ 时，达到稳定水平。

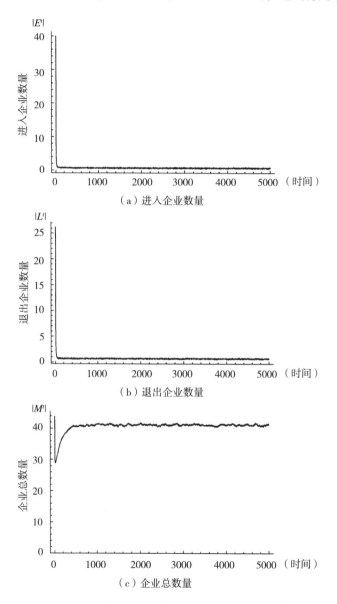

（a）进入企业数量

（b）退出企业数量

（c）企业总数量

图4.2 500 次独立重复运行的内生性企业更替平均时间序列

　　图 4.3 进一步支持收敛到稳定状态，展现了其他内生性变量的时间序列。图 4.3（a）市场价格（P^t）；图 4.3（b）产业边际成本（WMC^t）；图 4.3（c）产业价格—成本边际（PCM^t）；图 4.3（d）平均利润（Π^t）。对于所有本研究设定的系数值，所关注的变量的时间路径总是在 $t = 3000$ 后达到稳定状态。同样的，在第 5 ~ 第 7 章中，当检验产业特定因素对产业绩效的影响时，内生变量的稳定状态值平均在 2000 期之后，$t = 3001$ 和 $t = 5000$ 之间出现。[2]

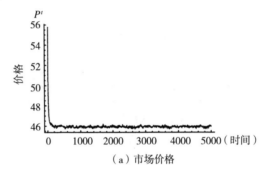

（a）市场价格

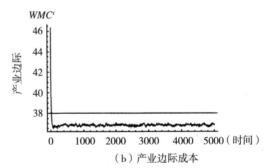

（b）产业边际成本

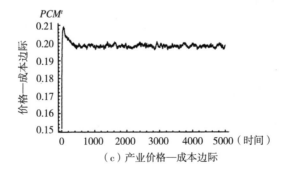

（c）产业价格—成本边际

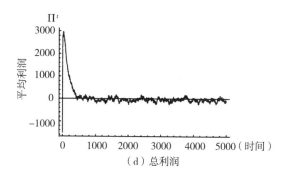

（d）总利润

图 4.3　500 次独立重复运行的内生性绩效变量平均时间序列

最后，图 4.4 展现了技术多样性（DIV^t）程度和市场份额不均等（G^t）随时间的演变。分别对于两个变量的单一（计算机）运行的时间序列呈现在图 4.4（a）和图 4.4（c）中，而那些平均进行了 500 次独立重复运行的结果呈现在图 4.4（b）和图 4.4（d）中。

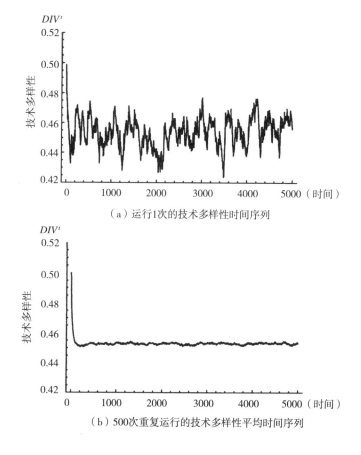

（a）运行1次的技术多样性时间序列

（b）500次重复运行的技术多样性平均时间序列

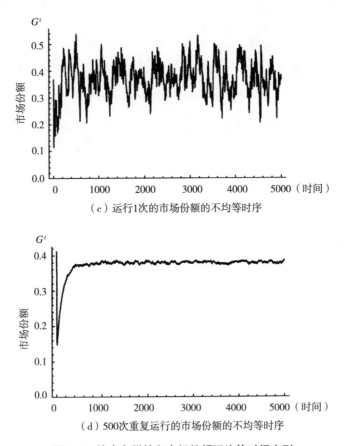

（c）运行1次的市场份额的不均等时序

（d）500次重复运行的市场份额的不均等时序

图4.4　技术多样性和市场份额不均等时间序列

在开始时，技术多样性程度始于 0.5，但是很快下降到接近稳定状态均值，约为 0.45。在 t = 1000 时达到稳定状态。由基尼系数所测量的市场份额的不均等在紧随产业诞生后第一波震荡期间急剧下降，但是当产业趋向稳定状态时，它很快增长到稳定水平（ ≅ 0.38 ）。

备　注

* 通常引用自达西·汤姆逊的著作《关于生长与形成》。在我提交书稿的时候，我相信已将其作为本书的一部分，并做了附注。当我按照文字编辑潘妮·哈珀的要求查找这页参考文献时，我没能找到它。我有限的调查表明这一引用可能不准确。我得到这本书的两个版本，第二版本（1942）来自剑桥大学出版社，而缩略版（1961）由约翰·泰勒·邦纳编辑，并没有包括这一句。使用光学字符识别（OCR）软件，进一步对第一版（1917）和第二版（1942）的网上电子版本进行了文本搜索，也表明并没有通常提到的那个句子（在研究过程中，与我有联系的卡内基梅隆大学教授科斯马·莎莉兹也独立做了研究，并得到相同结论）。万不得已，我联系了邓迪大学博物馆馆长马修·科林斯先生（在 1884~1917 年的 32 年间，达西·汤姆逊是邓迪大学的生物系教授），请教了该引用的来源。他的邮件证实了我的猜疑：

你完全是正确的，该引用既不在《关于生长与形成》的第一版中，也不在第二版中。我认为它可能不是达西说的，尽管通常应用自达西。它过于简洁而不能与达西常用的写作方式相匹配。可能是某个人凝练了达西思想的精华，但是是谁我不能确定。

——邮件信息（2014 年 9 月 9 日）

我不能找到该引用的最初来源。但不管怎样，该引用十分适合该书的这一章节，我希望我已经表明了它的来源。

[1] 计算实验的源代码由 C++ 写成，模拟结果的分析和可视化使用的是 Mathermatica 7.0 软件。源代码可以向作者索取。

[2] 详见劳和凯尔顿（2000）的研究对如何确定随机过程的稳定状态的详细讨论。第 9 章关于"单一系统的产量数据分析"特别有用。

$\mathit{5}$ 震荡：有限的预见性、技术冲击和瞬变的产业动态

很难做出预测，特别是关于未来。

　　　　——约吉·贝拉和尼尔斯·波尔（Yogi Berra and Niels Bohr）

变化这类的事情是不确定性存在的先决条件；在完全不变的世界中，未来是能准确预知的，因为它与过去完全一样……普遍事实是在商业生活中，不确定性的主要来源之一是技术工艺、组织方法等的进步。

　　　　——奈特（Knight, 1921, pp. 313-339）

基准模型给出了一个在新产业当中，具有高进入和退出初始时期的结果，这非常接近许多真实产业的实际经历。本章探究一些历史记录，讨论在解释中的一些前期尝试，并将基准模型结果与真实历史记录相比较。

众所周知，许多制造业和服务业在初始阶段的市场历史中，都经历了一个普遍称为"震荡"的阶段。这一现象是指在新市场开始时，生产者的数量快速增长，随后急剧下降（震荡），接下来最终趋向稳定结构。美国汽车产业的早期发展阶段是很好的例证之一。将 1895 年作为产业诞生年，史密斯（Smith, 1968）追踪了该产业从 1895~1966 年的成长和发展。他在下一段话中描述了个体生产者最初的乐观程度，以及对震荡超出预期的普遍担心：

到 1905 年，在过去的十年中，183 家新企业在从事制造游览车（特定

乘用车），93 家企业已经停产……这一情形对许多进入企业来说是危险的，并且难以取得销量。在马萨诸塞州斯普林菲尔德的诺克斯汽车公司董事长E. H. 卡尔特对此深表担忧，他说："尝试生产并销售大量未经全面检验的机器是危险的，这里或者其他国家可以消化的产量是有限的，在制定制造计划时，我们的建议倾向保守主义"。但是没有人注意这个警告，没有人采取"刹车"，到十年末，成立了 531 家企业（十年间每周有超过一家企业成立），其中 346 家停止营业，多数最终倒闭。

——史密斯（Smith，1968，pp. 25）

为了更系统地说明这一案例，基于史密斯（1968）的研究数据，图 5.1描绘了 1895～1966 年美国游览车企业的数量。[1] 图 5.2 描绘了在相同时期，进入企业数量和退出企业数量。尽管在图 5.1 中震荡的情形十分明显，图5.2 中进入和退出数据也表明企业的进入和退出倾向于同时发生——这一情形用标准教科书中的经济理论难以解释。在标准经济理论中，存在经济利润招致进入，而存在经济损失时，导致退出，但是不会同时发生。一般情形也意味着存在潜在程度的初期死亡率，这由图 5.3 反映出来，该图描绘了（1895～1966 年）所有退出企业的比例，这些企业在退出时的年限小于或等于图 5.1 的水平轴所表示的年限。图像显著表明几乎 90% 的企业在十年内或者更早退出。

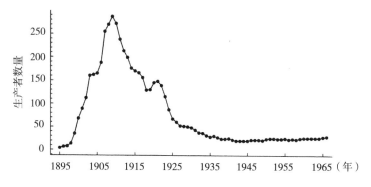

图 5.1　1895～1966 年美国汽车产业的生产者数量

资料来源：数据来自史密斯（1968）的研究。

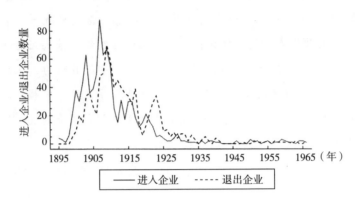

图 5.2　1895～1966 年美国汽车产业的进入企业和退出企业数量

资料来源：数据来自史密斯（1968）的研究。

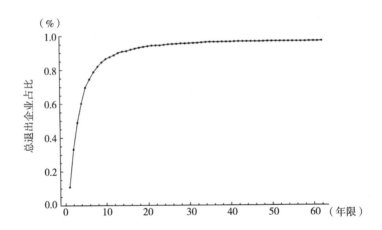

图 5.3　1895～1966 年美国汽车产业中特定年限退出企业占比

　　研究震荡现象的学术论文数量不是很多。通过追踪 46 个新产品的市场历史，戈特和克莱伯（Gort and Klepper，1982）是首次系统研究震荡现象的学者。研究确定了一个观察自不同产业从诞生到成熟发展过程中的独特序列。这一发现在克莱伯和西蒙斯（Klepper and Simons，1997，2000a，2000b）、克莱伯（Klepper，2002）和卡罗尔和汉纳（Carroll and Hannan，2000）的研究中进行了进一步的详细说明，并通过他们针对企业人口统计学的全面研究，给出了关于震荡现象的实证证据。

　　有两篇论文提供了能够产生震荡模式的典型理论模型：克莱伯和格雷迪（1990）以及约万诺维奇和麦克唐纳德（Jovanovic and MacDonald，1994）。克莱伯和格雷迪（1990）模型的核心是一组在成本和产品质量上各不相同的异质性潜在进入企业。它们具有完美预见性，如此一来，它们基于期望贴现利润制定进入决策。在给定成本和产品质量异质性的条件下，仅有一小部分潜在进入企业真正进入该产业。在位企业在成本和产品质量上也是异质性的，而且由于企业不能进行完全模仿，使得这种差异具有持续性。震荡来自企业成本变动的随机性，在进入时的一次性模仿所获得成本位置改进，以及即使在最初改进之后，成本位置仍然高于下跌市场价格的那些最终退出企业。约万诺维奇和麦克唐纳德（1994）使用相同的概念框架，模拟了随着一次性技术改进而来的一个主要发明所引起的市场竞争过程。这个模型使用来自美国汽车轮胎产业的数据进行了估计验证。

　　值得注意的是克莱伯和格雷迪（1990）以及约万诺维奇和麦克唐纳德（1994）的研究能够使用纯分析模型来产生震荡。但是我发现这些模型不是很完善，有两个原因。第一，两个模型都关注在产业的初始阶段所产生的震荡，在长期不存在持续进入和退出。因此，这些模型的分析范围相当有限。第二，这些模型都运用了对企业的标准假设，即企业具有完美预见性，并最大化期望收益。正如之前所讨论的那样，本研究中的环境存在着很大的不确定性，面临着来自技术环境的极大波动，持续创新、不完全模仿以及来自外部企业持续的进入威胁。给定这些过程的内在随机性，在概念上很难接受完全理性和完美预见的假设。

　　本书所呈现的产业动态计算模型不仅能够复现产业震荡的典型事实，也能通过深入分析产业特定因素如何影响这些震荡的持续性和强度来进行比较动态分析。当然，本模型不但能够分析新兴产业的震荡现象，也能描述成熟产业的特征。

5.1 新生产业的震荡

5.1.1 基准

为了评估基准模型模拟现实产业的能力，本研究仔细分析了一个与汽车产业紧密相关的案例。约万诺维奇和麦克唐纳德（1994）提供了关于美国汽车轮胎产业震荡现象的数据集。使用他们的数据，绘制出图 5.4：（a）1906～1973 年，68 年的生产者数量；（b）1913～1973 年，61 年的批发价格指数；（c）1910～1973 年，64 年的产业总产量。正如预期的那样，生产者数量在开始时急剧增长，在 1922 年达到最大值 275。接下来急剧下降，最终趋于平稳状态。批发价格指数随时间下降，而产业产量持续增长。

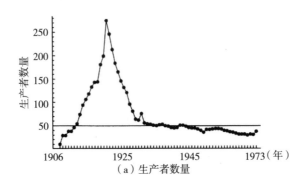

（a）生产者数量

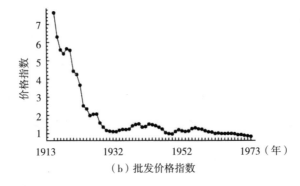

（b）批发价格指数

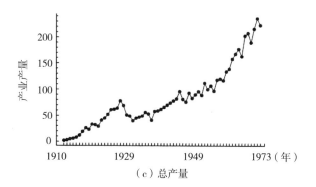

图 5.4　美国汽车轮胎产业的企业更替

资料来源：数据来自约万诺维奇和麦克唐纳德（1994）的研究。

图 5.4 所呈现了实证规律，本书使用来自单一样本相关变量的时间序列值来运行计算模型，其中技术最优在开始时设定一次，并在整个分析中保持不变，如 $\gamma = 0$。其他系数值见表 4.1，设置在基准水平上。假设稳定的技术环境使得震荡孤立在产业初始时期，因此可以清晰的确定造成该现象的力量。

图 5.5 展示了来自单一典型重复（仿真运行）过程的三个变量的时间路径：图 5.5（a）企业总数量（$|M^t|$）；图 5.5（b）市场价格（P^t）；图 5.5（c）产业总产量（Q^t）。为了便于与绘制图 5.4 所用的实证数据相比较，图 5.5 仅使用 68 期的时间路径来绘制。

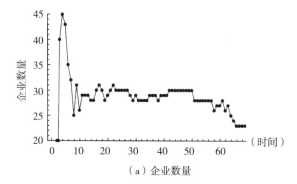

（a）企业数量

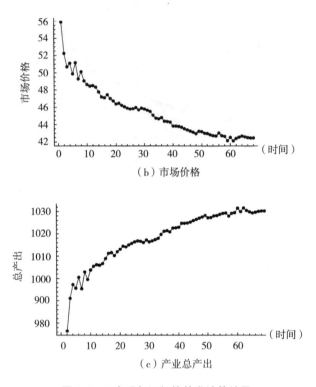

（b）市场价格

（c）产业总产出

图 5.5　1 次重复运行的基准计算结果

注：以 58 期为时间序列的基准计算模型 1 次仿真结果。

资料来源：约万诺维奇和麦克唐纳德研究。

　　图 5.4 和图 5.5 具有极高的相似度。由计算机模拟产生的产业中，企业数量在开始时快速增长，所有的潜在进入企业都决定进入。随着许多一些早期进入企业的快速退出，企业数量急剧下降到一个相对稳定的水平，并在每个时期围绕着 28 个企业波动。市场价格在开始时很高，但是随时间逐渐下降，而总产出倾向于随时间上升。这三个变量的变化与图 5.4 所报告的结果相一致。

　　图 5.6 表明图 5.5 展现的震荡现象并不仅仅受限于一次仿真重复运行过程。对于一组选定的内生变量来说，它描绘了这些变量平均超过 500 次独立重复的时间路径（如每次重复使用相同的基准系数值，但是一批新的随机

数）。为了关注发生震荡的早期阶段，本研究也绘制了时间序列的对数线性形式。进入企业数量仍然在产业诞生时很高，并随时间单调下降。跟随进入之后的退出企业数量也很高，但是在初始时期之后也下降。在图5.6（c）中企业数量（$|M^t|$）展现出预期的震荡模式。在震荡期间，产业集中度的测量（HHI），H^t 在一开始下降，之后随时间逐渐上升。随时间总产量（Q^t）增加，市场价格（P^t）却下降。此外，产业边际成本（WMC^t）单调下降，如图5.6（g）所示，整个震荡过程中，市场竞争的选择力量排挤出无效率企业，仅有那些具有足够低边际成本的企业生存下来。随着具有更低边际成本的新企业进入产业，产业边际成本随时间下降，如图5.6（h）所示，产业价格—成本边际（PCM^t）上升，表明后者的影响趋于显著。

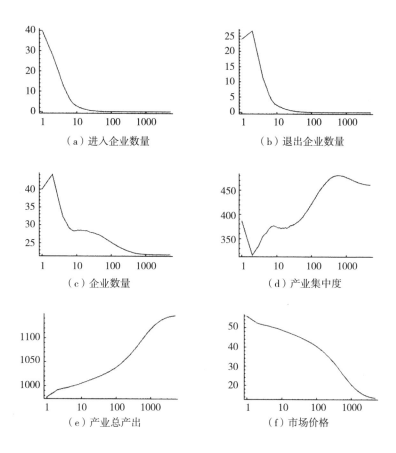

（a）进入企业数量

（b）退出企业数量

（c）企业数量

（d）产业集中度

（e）产业总产出

（f）市场价格

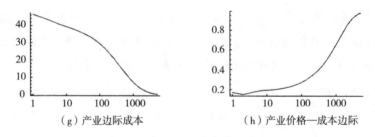

（g）产业边际成本　　　　　　　（h）产业价格—成本边际

图5.6　500次独立重复运行的内生性变量的平均时间序列

最后，图5.7展现了技术多样性程度（DIV^t）和市场份额的不均等（G^t）都随时间而下降[2]。本书模型中，与图5.6（g）中产业边际成本单调下降相一致。因为更为有效率的企业是通过市场竞争筛选出的，这些企业所具有的技术更接近于（固定）最优技术，并且在技术空间中彼此更接近，因此在图5.7（a）中，技术多样性都在下降。技术融合也意味着企业市场份额随时间均等增长，正如图5.7（b）所示的那样。在缺少技术环境外部冲击的情况下，技术多样性的程度和市场份额的不均等在长期都趋于零。

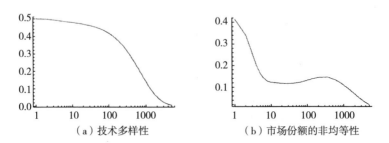

（a）技术多样性　　　　　　　（b）市场份额的非均等性

图5.7　500次独立重复运行的技术多样性和市场份额非均等的平均时间

5.1.2　比较动态

既然震荡是一个产业在其早期阶段的主要部分，那么一个相关的问题就是震荡在多大程度上受到产业特定因素的影响。事实上，本书关注两个

结构性参数 f 和 s 对相关内生性变量时间路径的影响。

首先考虑固定成本的四个不同值 $f \in \{200, 300, 400, 500\}$，并将市场规模固定在 $s = 4$，平均 500 次重复模拟的时间序列报告在图 5.8 到图 5.10。相类似的，本书也考虑 $s \in \{3, 4, 5, 6\}$，f 固定在基准值 200 条件下的情形，并在图 5.11 到图 5.13 报告了相关结果。

图 5.8（a）和图 5.8（b）分别展示了在震荡阶段，固定成本越高，进入企业数量和退出企业数量也更高。这一特性的关键驱动因素是本研究对潜在进入企业有限理性的假设。在本模型中，潜在进入者在市场假设下做进入决策。当固定成本规模很大，出现认知错误的代价也很大（造成更大的损失）。这导致活跃企业数量减少，而不活跃企业数量增多。因为任何给定时期的进入决策是基于之前时期生存下来的企业，事实上，存在的活跃企业数量较少，这意味着当固定成本更高时，潜在进入企业更可能进入（既使出现代价更大的错误）。当然，出现代价更高的错误表明每个时期在震荡初期阶段有更多的企业退出。当固定成本更高时，震荡的程度也更为剧烈。

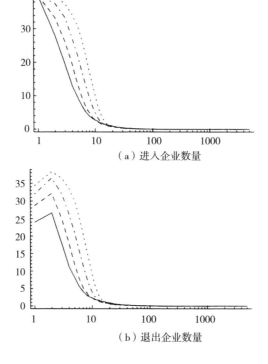

（a）进入企业数量

（b）退出企业数量

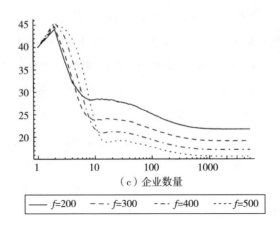

（c）企业数量

—— f=200　　— · — f=300　　— — — f=400　　······ f=500

图 5.8　固定成本对震荡的影响

　　图 5.8（c）所显示的企业总数量，包括活跃和非活跃企业，并且在最初，固定成本越高，企业数量越多。但是在长期，产业中更高的固定成本仅能维持少量企业（随着不活跃企业最终必须退出产业，当它们的净资产下降到阈值之下）。这在长期产生一个更为渐进但是也更为剧烈的震荡过程。在开始时，关注震荡阶段，下面的性质描述了固定成本对震荡剧烈程度的影响。

　　性质 5.1：具有更高固定成本的产业，震荡程度也更为剧烈。

　　在震荡时期，产业的结构和绩效也会受到固定成本的影响。正如预期的那样，图 5.9（a）表明当固定成本很高时，产业集中度也将更高。更高的集中度导致更高的市场价格和更低的总产量。

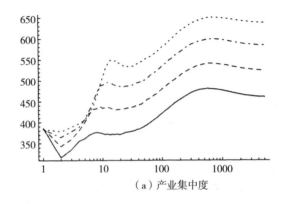

（a）产业集中度

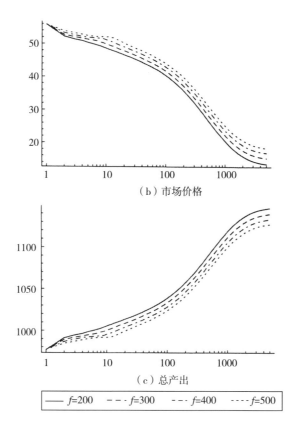

（b）市场价格

（c）总产出

—— f=200　－－－ f=300　－ － f=400　‥‥‥ f=500

图 5.9　固定成本对产业结构和绩效的影响

　　最终，图 5.10 表明当固定成本很高时，在震荡阶段，总的研发支出（TRD^t）将更低，但是总研发支出中的创新份额（NRD^t）以及技术多样性程度却显得对固定成本规模不那么敏感。固定成本对总研发支出的负向影响，可能是因为当固定成本很高时，在产业中存在着很少（活跃）企业。同样值得注意的是 NRD^t 开始数值高达 0.6，但是之后随时间下降[3]（在开始时创新研发是主导的，随时间变化其主导地位变成模仿创新）。创新相对模仿的重要性逐渐下降，是缘于对这些仿真来说，技术环境仍然是完全静态的假设。在给定固定最优技术的条件下，模仿一个更为成功的竞争对手，比自己创新更有效率。一旦在技术环境中引入周期性冲击，这一趋势将逐渐下降。对于 f 的所有值，DIV^t 随时间单调递减，正如图 5.10（c）所示的那样。

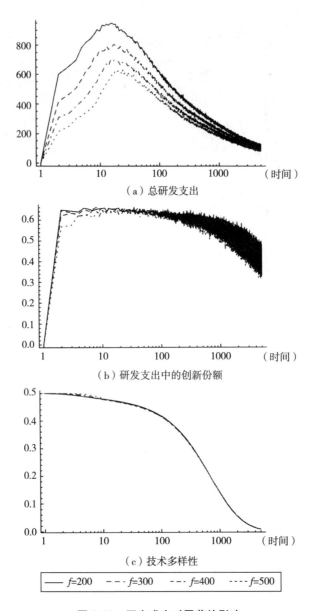

（a）总研发支出

（b）研发支出中的创新份额

（c）技术多样性

| —— f=200 | - - - f=300 | - - - f=400 | ···· f=500 |

图 5.10   固定成本对震荡的影响

对于不同的市场规模（s），相似的结果呈现在图 5.11 ~ 图 5.13 当中。对于具有较小市场规模的企业来说，在震荡时期，进入者数量和退出者数量都更高。如图 5.11（c）所示，产业中最终企业数量，在震荡阶段似乎相对独立于市场规模，但是在产业市场规模更大时，最终的企业数量也更多，这证实了在长期，更大的市场规模能够维持更多数量企业的观点。

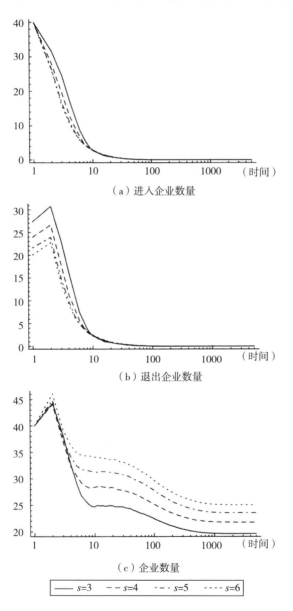

（a）进入企业数量

（b）退出企业数量

（c）企业数量

s=3 　 s=4 　 s=5 　 s=6

图 5.11　市场规模对震荡的影响

性质5.2：在较小的市场中，震荡也更为激烈。

图 5.12 表明较小的市场自然也更为集中，从而造成更高的市场价格和更低的总产出。图 5.13 显示出总研发支出在更大的市场中也更高（可能因为在更大的市场中有更多的企业）。因此，可以预计，在震荡时期，当产业面临着更大的市场需求时，研发强度也更高。研发成本中的创新部分以及技术多样性程度，正如在固定成本中的情形，不会受到市场规模的影响。还应当注意的是两个内生变量时间序列的下降趋势，代表了研究中考虑到的所有市场规模下的情形，正如图 5.10 所示的不同固定成本下的情形。

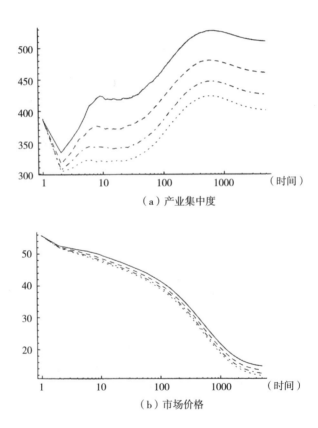

（a）产业集中度

（b）市场价格

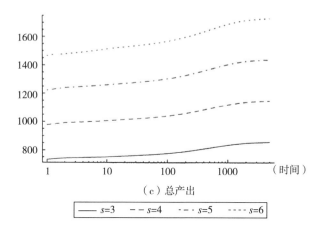

（c）总产出

———— s=3　 — — s=4　 ·—·— s=5　 ····· s=6

图 5.12　市场规模对市场价格的影响

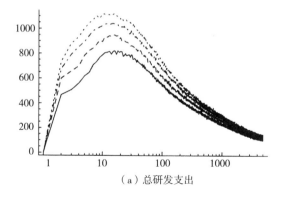

（a）总研发支出

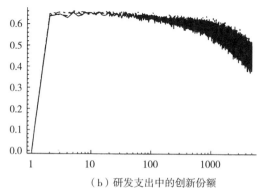

（b）研发支出中的创新份额

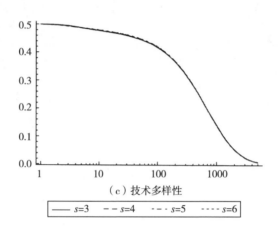

（c）技术多样性

——— $s=3$　— — $s=4$　- - $s=5$　- - - - $s=6$

图 5.13　市场规模对研发支出的影响

　　尽管本章节中的结论受限于为了研究产业初始阶段震荡行为的特殊情形，但它们确实表明市场规模和固定成本对产业行为的变量产生正向影响。第 6 章所呈现的比较动态分析会显示出这确实是更为一般的情形。

5.2　技术变化和周期性震荡

　　在 5.1 节通过固定最优技术的研究，探讨了新生产业的震荡。更为一般的，技术环境可能遭受周期性的冲击。在本模型中，随时间的持续企业进入和退出来自企业周围技术环境始料未及的变化（这种变化的比率为 γ，基准设定为 $\gamma = 0.1$）。为了证实这一机制的相关性，本研究追踪了整个范围内技术变化的发生率。对于一个给定的，发生在 τ 时期的技术变化，定义其为"片段"，因为这些连续时间跟随着在 τ' 时期发生下一个技术变化而来的转变。那么一个片段的持续时间为 $(\tau' - \tau)$。

　　基准模拟仿真结果呈现在图 4.1 中，在整个 5000 个研究期中，有 504 个（完整的）不同持续时间的片段。在给定技术变化率为 $\gamma = 0.1$ 的条件下，这一片段数量符合预期[4]。然而，片段的持续时间差异非常大。图 5.14 显示了在 $t = 1001$ 到 $t = 5000$ 之间，给定持续时间的片段能出现多少次。第一个 1000 时期被排除在外是因为它们的瞬时性。在这 4000 期里，最长的片段持续 66 期（有 1 个这样的片段），而最短的片段仅持续 1 期

（有 45 个这样的片段）。

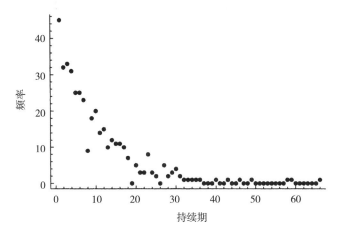

图 5.14 1 次运行过程中不同片段持续时间的频率

图 5.15 绘制了每个片段的持续期（沿着横轴）及其大小（沿着纵轴），由发生在每个片段中的进入者总数量和退出者总数量来衡量。正如预计的那样，它们是高度相关的：一个较长持续期的片段倾向于产生更多数量的进入和退出。

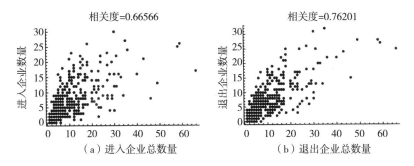

图 5.15 片段持续时间和企业运动范围

为了更深入地探究技术变化对企业更替的影响，提出在研究时间范围内（$1001 \leqslant t \leqslant 5000$）的每一个时期，自上一次技术变化以来经过了多少时期的问题。这使得我们可以检验自技术变化以来，进入退出率和经过的时间之间的关系。图 5.16（a）和图 5.16（b）显示了这一信息。平均来看，进入率和退出率都在给定时期下降，这一时期远离上一次技术变化（进入退出率和自上一次技术冲击以来的时间之间的相关性标注在相应的图上）。企业总数量也与自上一次技术变化以来的时间呈负相关，即使在图 5.16（d）上，产业集中度（HHI）与该时间显示出微弱的正相关性。

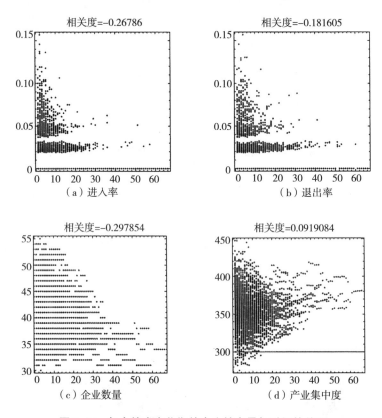

图 5.16　每个技术变化期的内生性变量与时间的关系

这些相关性表明了更替变量与自上一次技术冲击以来的时间的关系，在性质上与那些没有技术冲击的新生产业中的震荡情形所确定的性质相类似。在存在着周期性技术变化的情形中，可以将更替动态视为是一系列小的震荡，其中进入率和退出率在一次技术变化后很快提高，接下来随着市场适应新环境，逐渐下降。随时间，进入和退出的持续变化，以及相应比率时间序列之间的正相关性，是随着技术变化而来的重复出现的震荡所带来的自然而然的结果。

在其他内生性变量中，周期性震荡也呈现出值得关注的方式。这些方式与那些在新生产业中所确定的相一致。图 5.17（a）显示出市场价格与自上一次技术变化以来的时间呈显著的负向关系。正如之前所表明的，这是由于源自市场选择而造成的边际成本下降。如图 5.17（b）所示，产业边际成本也与自上次技术变化以来的时间呈负相关关系。产业价格—成本边际与技术变化正相关，而技术多样性程度与之负相关（尽管很微弱）。

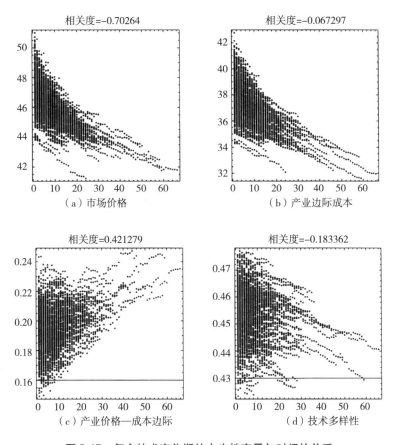

图 5.17　每个技术变化期的内生性变量与时间的关系

备　注

　　［1］最初的名单由史密斯（1968）汇编而成，被称为"基础名单 A"，包括 1895～1966 年生产销售的所有乘用车品牌。因此，一个企业的进入年份由产品推出市场的那一年来表示，而退出年份由产品停产的那一年来表示。恩得利特·梅塔将该名单修改成为方便处理的数据集。

　　［2］在整个研究中，技术多样性是单调下降的。市场份额的非均等性尽管也展现出随时间下降的趋势，但是在 t = 30 到 t = 200 的早期阶段呈现出轻微的弯折。

　　［3］应当注意到新进入企业在其进入时期不会进行研发。这就解释了为什么在图 5.10 的（a）和图 5.10（b）中当每个企业都是新进入企业时，TRD^t 和 NRD^t 在 t = 1 处从零开始。

　　［4］当 γ = 0.1，每 10 个时期会出现一个新的片段。因此，在整个 5000 个时期当中应当出现 500 个片段。

6 稳定状态的产业动态
——产业间的变化

产业间的研究已经告诉我们在发达经济体中，特别是制造业部门间，市场是怎样的，即使这些研究没有为我们精确的展现市场是如何运作的。

——史马兰奇（Schmalensee，1989，p. 1000）

第 4 章的基准分析表明，即使企业技术环境受到持续冲击，产业最终会达到一个稳定状态，在其中典型的内生性变量围绕着一个常数均值上下波动。然而，第 5 章的震荡分析也表明即使是在稳定状态，由于技术环境受到外部冲击，随时间也存在着系统性模式。在本章中，希望达到两个研究目的：（1）在总体产业水平上，确定并解释存在于稳定状态路径当中的时间模式；（2）从市场规模和固定成本两个方面对稳定状态进行比较动态分析，这两个方面代表了产业特有因素。

本章呈现了稳定状态比较研究的实证证据，可以在邓恩、罗伯茨和萨缪尔森（Dunne、Roberts and Samuelson，DRS，1988）所报告的产业间进入和退出变化方式中观察到。图 6.1 描绘了来自 DRS（1988）观测到的产业间进入和退出方式。特别地，DRS（1988）平均了来自其样本的，四分位 SIC 产业中，四个时期的进入率和退出率[1]。将四分位产业划分到 20 个两分位部门中，他们报告了每个部门中这些平均比率的分布。图 6.1 绘制了他们研究中，所有 20 个部门的平均（进入—退出）比率，其中一个给定点（部门）的横坐标和纵坐标分别表示了该部门的平均进入率和平均退出率。

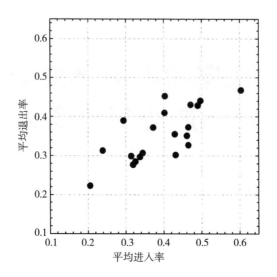

图 6.1　在 20 个两分位部门产业中平均进入率和平均退出率

资料来源：DRS（1988）。

　　这些点沿着对角线分布，说明在所有部门当中，进入率和退出率是正相关的（相关率为 0.732）：一个部门有更高（更低）的进入率，也意味着有更高（更低）的退出率。例如，在该样本中，仪表部门（SIC 38）具有最高的进入率（0.603），退出率也最高（0.468）。而烟草部门（SIC 21）有最低的进入率（0.205），也具有最低的退出率（0.223）。因此，产业在（企业）更替方面存在着巨大差异。本章所进行的比较动态分析将展现出，本书所提出的模型确实能够在随机过程的稳定状态中产生这类多样性，并能使我们确定出基准系数和这些变化间的因果关系。

6.1　定义稳定状态

　　本章始于对所研究的稳定状态进行精确描述。对于给定的参数设置，每次使用更新的随机数序列，本研究进行了 500 次独立重复的仿真。收集内生变量从 $t=3001$ 到 $t=5000$ 最后 2000 期的时间序列值。这些时间序列描绘了内生变量稳定状态路径的特征。

假设给定重复 k 次，产生内生变量的时间序列值 X 为 $\{X_k^t\}_{t=1}^{5000}$，其中 X_k^t 是在 t 时期来自第 k 次重复运行的 X 的值。对于第 k 次重复运行的 X 稳定状态均值表示为 $\bar{X}_k$，其中 $\bar{X}_k = \frac{1}{2000}\sum_{t=3001}^{5000} X_k^t$。对于每个内生变量 X，存在着（来自 500 次独立重复的）500 个稳定状态均值。这 500 个稳定状态均值的平均数和标准差产生自基准系数设定，如表 6.1 所示。值得注意的是，总利润 Π^t 的均值为负。这反映出由那些当前没有运营的（但仍支付固定成本的）非活跃企业造成的显著经济损失。只要这些企业积累的净收益超过反映其资源机会成本的阈值水平，它们就会停留在市场当中不退出。

表 6.1　　　　　　　　　　**内生变量的稳定状态均值**

变量	均值	标准差
$\|E^t\|$	0.684	0.0606
$\|L^t\|$	0.683	0.0606
$\|M^t\|$	41.170	0.4837
ER^t	0.016	0.0015
XR^t	0.016	0.0015
P^t	45.924	0.2108
Q^t	1016.300	0.8433
Π^t	−53.840	113.4550
PCM^t	0.198	0.0019
WMC^t	36.842	0.2335
H^t	357.458	2.6171
TRD^t	1051.320	17.2790
NRD^t	0.644	0.0025
CS^t	129114.000	214.6020
TS^t	129060.000	261.6590
DIV^t	0.453	0.0027
G^t	0.379	0.0091

注：这是来自 500 次独立重复仿真的稳定状态均值的描述统计。每个稳定状态均值是从 $t=3001$ 到 $t=5000$ 最后 2000 期的平均。

当进行比较动态分析，在给定内生性变量 X 的情况下，产业平均行为由所有重复仿真得出的 $\bar{X}_k = \frac{1}{500}\sum_{t=1}^{500} X_k^t$ 的平均化 $\bar{X}_k$ 来表示。

6.2 产业当中稳定状态的时间模式

回顾第 5 章中，企业的长期动态可被视为在技术环境持续变化下的周期性震荡波动。这一观点的逻辑含义是企业进入、退出市场的相互作用，这也蕴含着企业和产业的绩效表现。为了证明内生性变量相互间关系的存在和显著性，本研究在表 6.2 中报告了在稳定状态中，所有相关成对内生性变量 X 和 Y 的稳定状态时间序列之间的相关性。每个单元格的值是这些来自 500 次独立重复仿真的相关性的平均：$\bar{\rho}_{XY} = \frac{1}{500} \sum\limits_{t=1}^{500} \text{Corr}\left[\{X_k^t\}_{t=3001}^{5000}, \{Y_k^t\}_{t=3001}^{5000} \right]$。

首先，进入率 ER^t 和退出率 XR^t 正相关率为 0.321。尽管没有包括在表格中，进入数量 $|E^t|$ 和退出数量 $|L^t|$ 也具有均值为 0.371 的正相关。

性质 6.1：随时间进入率和退出率是正相关的，即当进入率很高（很低）时，退出率也很高（很低）。

这一结果与第 1 章中提到的第三个典型事实相一致。当然，这一典型事实与标准教科书的观点不一致。在教科书中，由于存在经济利润导致进入，而当经济损失时导致退出（这意味着进入率和退出率之间是负相关关系）。为了评论广为接受的观点和实证发现之间矛盾，杰罗斯基（Geroski, 1995, p. 424）观察到：

标准教科书的观点很难与英国三分位产业中的事实相符和。在这些产业中，从 1974 年到 1979 年，平均每年有 50 家新增企业，而退出的企业平均为 38 家，净进入率仅为 1%，并且有一个负的渗透率为 -0.42%。

他也从 20 世纪 70 年代的加拿大数据中发现，进入率和退出率分别平均为 5% 和 6.5%，导致净进入率为 -1.5%。这些发现表明在出现大量新企业进入的同时也会引起大量的年老企业退出，因此，表现出进入率和退出率之间的正相关。

这两个比率的同向变动表明企业更替率既可以被描述为进入率，也可以被描述为退出率（或者即使是在过去一些实证研究中将这两个比率相加）。随后，比较动态结果表明这两个比率在不同产业间也呈正向关系。因此，本研究中简单地使用进入率来表示更替率。

表 6.2　内生性变量之间的相关性

变量	ER^t	XR^t	$|M^t|$	P^t	Q^t	Π^t	PCM^t	WMC^t	H^t	TRD^t	NRD^t	CS^t	TS^t	DIV^t	G^t
ER^t	1														
XR^t	0.321	1													
P^t	0.262	0.264	1												
Q^t	0.318	0.208	0.340	1											
Π^t	-0.318	-0.208	-0.340	-1	1										
PCM^t	-0.276	-0.281	-0.928	-0.337	0.337	1									
WMC^t	-0.329	-0.260	-0.632	-0.530	0.530	0.831	1								
H^t	0.368	0.260	0.518	0.923	-0.923	-0.606	-0.814	1							
TRD^t	-0.225	-0.200	-0.565	-0.103	0.103	0.799	0.895	-0.475	1						
NRD^t	0.050	0.172	0.490	0.173	-0.173	-0.585	-0.310	0.258	-0.274	1					
CS^t	0.003	0.003	0.018	0.011	-0.011	-0.076	-0.016	0.015	-0.012	0.344	1				
TS^t	-0.318	-0.208	-0.341	-1.000	1.000	0.338	0.530	-0.923	0.103	-0.173	-0.011	1			
DIV^t	-0.362	-0.362	-0.791	-0.799	0.799	0.834	0.839	-0.926	0.569	-0.474	-0.055	0.800	1		
G^t	0.246	0.253	0.692	0.430	-0.430	-0.651	-0.496	0.517	-0.356	0.399	0.019	-0.431	-0.667	1	
ER^t	0.140	0.162	0.787	0.345	-0.345	-0.536	-0.124	0.291	0.036	0.391	0.013	-0.345	-0.544	0.591	1

注：平均超过 500 次独立重复运行。

正如在第5章中，进入率和退出率的时间序列之间呈正向关系，可以在具有外部技术冲击条件下的"周期性震荡"情形中进行解释。杰罗斯基（Geroski, 1995）对此进行了深入讨论，并支持了这一观点。在表明"进入率随时间变动，呈现波动状态，并在许多市场生命周期的早期达到顶峰。不同的波动包含不同类型的进入者"之后，他观察到：

> 在美国计算机产业中至少出现了两代进入者……第一代主要是商务机器企业，它们的活动受到新技术的威胁（如 IBM、Remington、NCR、Burroughs）；第二代是新出现的、专业化企业，致力于开发新技术（如 Philco、GE、CDC 和 DEC）。相类似地，接收管企业（如 General Electric、RCA、Sylvania 及其他）是第一批开拓美国半导体产业的企业，之后电子业的其他生产商、内部生产商和高新技术专业化企业才缓慢跟随。
>
> ——杰罗斯基（Geroski, 1995, p. 426）

杰罗斯基的研究着力点在"产品"中的技术变化，而本书的模型关注"生产过程"中的技术变化。然而，潜在进入波动的基本机制是相同的。来自企业外部的，预料之外的投资和创新，非对称地影响企业技术环境，从而导致进入和退出的波动。

"周期性震荡"的观点也意味着价格必须与企业进入率和退出率正相关，这是因为当技术环境变化，使用旧技术的在位企业将突然发现它们不能很好地适应新环境。效率平均水平的突然下降（以及相应的企业边际成本的提高），导致市场价格的提高。随着企业适应新环境，并提升它们的生产效率，市场价格逐渐下降，而与此同时，企业进入和退出也放缓。因此，价格 P^t 与进入和退出率正相关。事实上，这一平均相关系数分别为 0.318 和 0.208。

总利润 $\prod^t$ 与企业进入、退出负相关，这同样是由于技术环境受到外部冲击，严重地影响了企业效率。随着企业适应新环境，内部研发重新提升了企业效率。正如预期的那样，产业中的总利润也与企业总数量呈负向关系。

与总利润相类似，产业的价格—成本边际（PCM^t），与进入、退出及企业总数量都是负相关关系。然而，值得注意的是 PCM^t 与市场价格 P^t 也是负向关系。震荡观点为此提供了一个解释。市场价格受到企业效率水平的驱动：高价格反映了高边际成本（低效率），而低价格反映了低边际成本（高效率）。尽管市场价格和企业边际成本倾向于向着相同的方向变动，P^t 和 PCM^t 的负向关系表明变动对边际成本的影响要小于对市场价格的影响。

产业边际成本 WMC^t 与各类内生性变量之间的关系如表 6.2 所示，与之前基于震荡的解释高度一致。产业边际成本 WMC^t 与进入、退出和企业数量正相关。它也展现出与市场价格的显著正向关系（0.923），但是与价格—成本边际显著负相关（−0.814）。

集中度（H^t）与运营企业数量负相关（−0.565），但是与总利润（0.799）和价格—成本边际（0.895）正相关，即一个具有较高集中度的时期，也可能展现出较高的总利润和较高的价格—成本边际。

性质 6.2：随时间产业集中度与产业边际成本负相关，但是与产业价格—成本边际正相关。

产业集中度和价格—成本边际时间序列的正相关关系在寡头理论中是合理的。在该理论中市场集中度倾向于提高市场势力以及均衡企业利润。然而，重要的是，这里的潜在机制较少的依赖于市场势力，更多的是效率影响。对环境的外部冲击短暂的通过增加它们的边际成本（例如损失了效率）降低了企业利润，但是它促进了企业更替，从而降低了集中度。企业通过研发采取的适应性行为逐渐逆转了这些变化，直到下一次技术冲击。H^t 和 WMC^t 之间的负相关关系（−0.475）与这一解释相一致。

反映产业当中研发强度的变量与企业总数量正相关，而与总利润 $\prod^t$ 和价格—成本边际 PCM^t 负相关。研发成本中的创新份额 NRD^t 与其他变量没有展现出显著的关系，尽管它与总研发支出正相关。

绩效（如总利润和价格—成本边际）和研发支出之间的负向关系是由于在紧随技术环境受到外部冲击时期研发活动强度的提高。技术环境的突然变化，尽管损害了之前适应良好的在位企业的盈利能力，但是也为在位企业以及潜在进入企业提供了全新机会。

在福利方面，消费者剩余与企业进入和退出活动负相关，这显然是因为市场价格在高（企业）更替期时也较高。消费者剩余与总利润和产业价格—成本边际正相关，但是与产业边际成本负相关。值得注意的是消费者剩余与总研发支出负相关。其中的原因依赖于这一事实，即那些研发相对活跃的时期也是技术环境在近期遭受外部冲击的时期，因此，企业相对低效率，且市场价格较高。总剩余表现出相类似的特征，它与进入、退出活动负相关，与绩效变量（利润和价格—成本边际）正相关。由于相同的原因，它也与总研发支出负相关。

技术多样性（DIV^t）与进入率和退出率正相关，也与企业总数量正相关。对技术环境的外部冲击造成进入和退出的波动，新进入企业带着大量新技术进入。随着产业适应了新环境，市场竞争的选择力量淘汰掉了无效率的企业，进而导致集中度的提高和技术多样性的减少。因此，DIV^t 和 H^t 呈负相关关系（ -0.356）。同样值得注意的是技术多样性与总研发正相关（0.399）。

最后，基尼系数，测量了企业市场份额的非均等程度，展现出与企业进入、退出微弱的正相关关系，但是与企业数量显著正相关（0.787）[2]。这表明在企业活跃地进入和退出市场的时期，市场份额分布更为平均。同样地，它也与技术多样性正相关（0.591）。随着企业适应新环境，以及产业变得更为集中，它们的技术及边际成本趋向集中，从而导致产业中的市场份额分布更为平均。

6.3　稳定状态下产业间的变动

尽管以上描述的非均衡动态在所有产业中常见，然而它们随着稳定路径影响产业结构和绩效的程度却在各个产业有所不同。本节比较了具有不同特征的产业的稳定状态，并探讨了隐藏在所观测到的异质性背后的起因。

在模型中主要有四个系数定义了产业特征：市场规模（s）、固定成本规模（f）、技术环境变化率（γ）以及技术环境最大变化量（g）。最后的两个系数 γ 和 g 描述了外部技术环境的波动性。对于技术环境的冲击被假设为来自产业外部，因此有一个外部来源。由于 γ 和 g 对企业适应性动态的影响相当具有直觉性和直接性，为了解释简明化，本研究限定对于 s 和 f 进行比较动态分析。

正如之前所描述的那样，比较分析关注每个系数设定下，500 次独立重复中的内生性变量稳定状态平均值。每个系数设定代表了一个特定产业。这意味着内生性变量 X 的平均稳定状态均值 $\bar{X}$ 特指具有一组特定系数值 (s,f) 的产业。比较动态分析限定对于不同设定的 s 和 f 进行比较，每个代表了一种类型的产业。特别的，本研究分析 $s \in \{3,4,5,6\}$ 和 $f \in \{200,300,400,500\}$。

6.3.1 产业稳定状态的波动

技术环境受到外部冲击导致持续的企业更替，产生产业结构的内生性波动。这种结构波动有两个不同的组成部分：（1）由于企业进入和退出产业的活动，造成产业规模和构成的波动；（2）产业当中企业间市场份额分布的波动。第一个组成部分具有在产业边界波动的特征。为了便于解释，将其称为"产业间波动"。在本研究的模型中，术语"产业间"反映了这一事实，即退出一个产业的企业，可以被视为是进入另一个提供更好选择机会的产业中。相类似的，一个新进入者也可被视为来自另一个产业。第二个组成部分严格地在产业中描述波动特征，着重关注市场支配地位变换频率。它反映了由技术环境不可预测的变化以及它们研发活动的随机性所造成的在位企业机会的变化。本研究将这类波动称为"产业内波动"。

在本模型中，产业间波动由进入率和退出率（更替率）表示。但是，产业内波动较难以测量，因为这涉及产业内所有企业位置的变化。本研究将着重关注这一类被称为市场领导者（如具有最大市场份额的企业）保持其市场主导地位能力（无能力）的波动。对此有两种测量方式：（1）市场领导者处在主导地位的连续时期数量（领导地位的持续性）；（2）领导身份的变化频率。对于后者的测量是直接的，一旦我们有完整的研究期内领导持续性的记录。尽管两种测量都提供了相类似的信息，但是"领导者的变化频率"在本节中将主要用于表示产业内的波动。

图 6.2 描述了对于 $s \in \{3,4,5,6\}$ 和 $f \in \{200,300,400,500\}$，进入和退出率的稳定状态均值 $\overline{ER}$ 和 $\overline{XR}$。正如图 6.2 中所示，进入率和退出率都

随着市场规模递增而下降，随着固定成本规模递增而增加。因此，给定一组在市场规模和固定成本方面具有差异的异质性产业，具有高（低）进入率的产业也可能具有高（低）退出率；一些产业比另一些展现出内在的、更大的产业间波动。具体来说，服务于一个更小市场的且具有更高固定成本的产业，可能展现出更高程度的产业间波动。

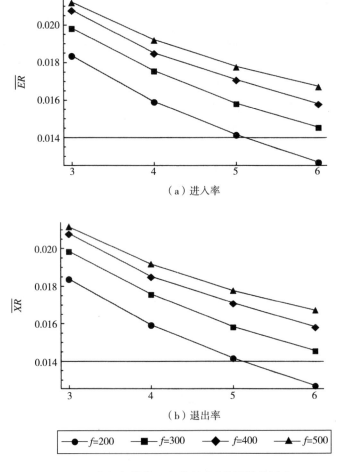

图6.2　市场规模和固定成本对企业更替的影响

性质6.3：企业更替率（产业间的波动性）随着市场规模增加而递减，随着固定成本增加而递增。

　　由于进入率和退出率对系数有相同的反应（如都更高或者更低），这一结果与 DRS（1988）的研究发现完全一致。如图 6.1 所示，具有较高（较低）进入率的产业，也具有较高（较低）退出率。

　　为了解释产业内的波动，本研究追踪了每次运行仿真中，从 $t=3001$ 到 $t=5000$ 之间的 2000 期稳定状态中，每个主导市场的持续期。只有完整的领导期（那些始于 $t=3000$ 之后，完结于 $t=5000$ 之前的时期）被算在内。这一操作也给出了每次运行仿真的稳定状态中，市场主导者转换时间的数量。取 500 次重复的平均值，图 6.3 展示了主导者转换的平均数量在有更大市场规模和/或较小固定成本的产业中更高。

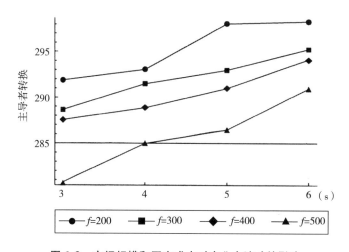

图 6.3 　市场规模和固定成本对产业内波动的影响

　　性质 6.4：市场领导者转换的频率（产业内波动）随着市场规模增大而递增，随着固定成本增大而递减。

　　与此相对等的，主导者的持续时间均值随着市场规模增大而递减，随着固定成本增大而递增。

　　下面来探讨产业间的波动和产业内的波动之间的关系。注意到特性 6.3 和特性 6.4 表明产业间的波动（更替率）和产业内的波动（市场主导者变换的频率）是负相关的。具有较高（较低）产业间波动的产业，表现出较低（较高）的产业内波动。例如，有两个异质性产业，产业 A 具有 $s=6$ 和

$f=200$，产业 B 具有 $s=3$ 和 $f=500$。产业 A 展现出大约 1.25% 的进入率，但是市场主导者变换了 298 次。在产业 B 中，进入率在 2.15% 左右，市场主导者变换了 281 次。因此，产业 A 展现出了更高的产业内波动，而产业 B 表现出了更高的产业间波动。

这两种波动对两个系数相异的表现说明，仅使用更替率来描述一个产业的结构波动是不能完全理解潜在动态的。一个重要的问题是：什么导致了两种波动测量的差异？对于这一问题的回答在于研发影响市场竞争选择力量的方式。

为了检验研发对产业波动的影响，让我们在没有企业进行研发的条件下运行基准仿真过程。假设企业带着随机选择技术进入产业，这一技术在产业之后的生命周期中固定不变。企业进入和退出完全受到市场竞争选择力量的驱动，没有企业适应效应（如研发）。我们将比较这种情形下的结果和最初基准模型中具有内生性研发的结果。

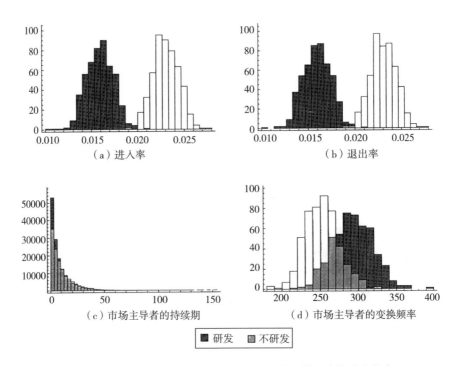

图 6.4　500 次独立重复仿真具有或不具有内生性研发的稳定状态

　　图6.4绘制了四个内生性变量的稳定状态平均值。这四个内生性变量的值来自500次没有内生性研发的基准情形下的独立重复仿真，包括进入率、退出率、产业领导者的持续时间、主导者的变换频率。首先，注意到内生性研发的存在使进入率和退出率向下变动。因此，在存在内生性研发的条件下，产业间的波动较小。其次，内生性研发的存在使得主导者的持续时间下降，相应的主导者的变换率上升，即存在内生性研发的条件下，产业内的波动更为剧烈。

　　性质6.5：内生性研发降低了产业间的波动，但是提高了产业内的波动。

　　显然，相较企业没有适应性机制的情况，企业追求研发能够使得在位企业在很大程度上适应变化的环境。由此而带来的成本优势保护了在位企业免遭来自具有随机选择技术的潜在进入企业的威胁。这导致在内生性研发下，产业间波动的下降。[3]但是，在位企业通过研发取得效率提升的同时，也随着它们普遍适应了新环境而增加了它们之间的竞争程度，这使得边际成本分布更低也更紧密。边际成本的这一集中趋势使得落后企业更容易超越领导企业，从而降低了整体产业领导者持续时间，进而提高了产业内波动。

　　进一步的研发影响结构波动的证据来自观测在s和f两个系数的不同组合下，对稳定状态企业研发强度的检验。在这一方面，有两种测量方式。在产业层面，研发强度由总研发支出（$\overline{TRD}$）表示。在模型中给定两种研发模式，创新和模仿，我们也关注$\overline{NRD}$，即总研发支出中创新成本所占份额。图6.5展现了s和f对两个研发变量的影响。[4]

　　性质6.6：总研发支出和研发支出中创新所占份额都随着市场规模增加而递增，随着固定成本增加而递减。

　　给定性质6.5中所描述的内生性研发的作用，可以预测有一个更高的总研发支出，并导致一个更低的产业间波动和更高的产业内波动，反之则反。当连同性质6.3和性质6.4一起来看时，图6.5中所示的结果与直觉高度一致。

　　如图6.5（b）所示，同样值得注意的是在总研发支出中分担创新成本的行为意味着那些展现出更低产业间波动，但是更高产业内波动的产业（如那些具有更高s和更低f），相比其他具有更高产业间波动但是更低产业内波动的产业来说（如更低 s 和更高 f），可能在创新上（而非模仿）花费更多的研发支出份额。

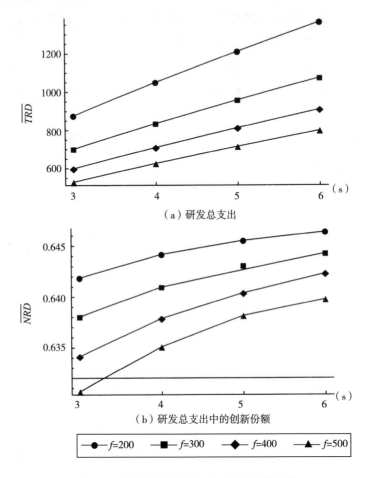

（a）研发总支出

（b）研发总支出中的创新份额

$\bullet$ f=200 $\blacksquare$ f=300 $\blacklozenge$ f=400 $\blacktriangle$ f=500

图6.5   市场规模和固定成本对研发的影响

总之，正如性质6.3和性质6.4所蕴含的那样，产业间波动和产业内波动的负向关系可以基于内生性研发影响这两个结构波动测量值进行解释。

6.3.2   稳定状态结构和产业绩效

在之前章节所描述的更替对一个产业可维持的稳定状态企业数量有长期影响。图6.6表明企业数量（无论是活跃的还是非活跃的）随着 s 递增而增加，随着 f 递增而减少。然而由赫芬达尔 - 赫希曼指数所测量的产业集中度却随着 s 递增而下降，随着 f 递增而提高。因此，具有更小市场规模和更大固定成本的产业可能更趋于集中，并具有更高的更替率。

性质 6.7：产业集中度随着市场规模增大而递减，随着固定成本增加而提高。

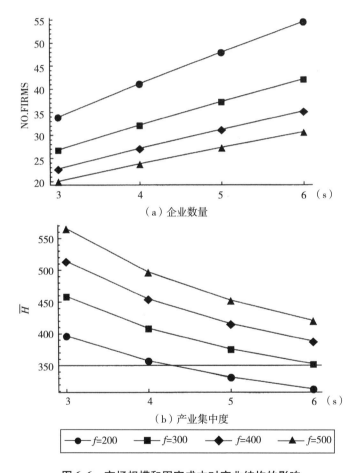

（a）企业数量

（b）产业集中度

●—f=200　■—f=300　◆—f=400　▲—f=500

图 6.6　市场规模和固定成本对产业结构的影响

注意到这一结果与寡头垄断静态均衡模型的预测相一致。在该模型中企业自由进入均衡数量直接与市场规模相关，而与固定成本负相关（详见第 3 章等式 (3.10)）。

图 6.7 显示了 s 和 f 对 $\bar{P}$ 、$\overline{WMC}$（产业边际成本）和 $\overline{PCM}$（产业价格—成本边际）的影响。所有这三个变量都与市场规模负相关，与固定成本正相关。

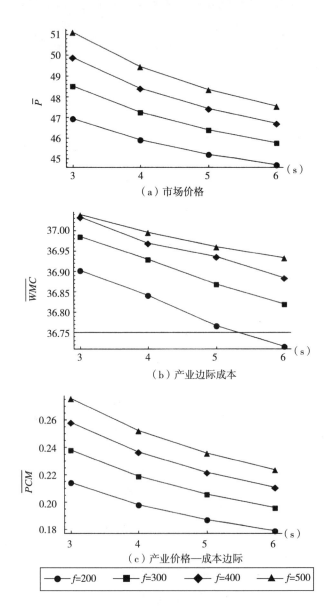

图 6.7　市场规模和固定成本对产业绩效的影响

注意到市场价格和产业价格—成本边际与市场规模和固定成本之间的联系，与产业集中度和这两个系数之间的联系方式相一致。它们随着市场规模增加而下降，随着固定成本提高而增加。这意味着价格和价格—成本边际与市场集中度正相关。而这与集中度—价格关系（或者集中度—价格—成本边际关系）背后的市场势力解释相一致。图 6.6（a）、图 6.6（b）和图 6.7（b）联合起来给出了一个替代性的解释。那些具有更小市场规模和更大固定成本的产业可以维持的企业数量更小。在一个相对集中的产业中，更低的竞争程度意味着对在位企业有一个微弱的选择压力。因此，由于在更小的市场当中（或者固定成本更高的市场当中），企业相对的无效率，导致产业边际成本的稳定状态水平趋于更高。这也导致更高的市场价格。如图 6.7（c）所示，在那些具有更小市场规模和更高固定成本的产业中，价格—成本边际也更高。那么这些结果表明市场势力效应和效率效应联合起来决定了产业集中度和市场价格（或者价格—成本边际）之间的关系。

性质 6.8：*市场价格和产业边际成本随着市场规模增大而下降，随着固定成本规模增大而上升。*

基于之前构建的性质，能够直接建立起这些内生性变量之间的关系。如一个具有较高企业更替率的产业可能是高集中度，这样的产业中，市场价格也可能更高。然而，企业可能不会加大研发投资，并且相对创新来说，更重视模仿。这样产业也倾向于具有更高的产业边际成本（因此相对低效率），但是对于企业产生更高的价格—成本边际。这些预测关系对于跨部门实证研究的意义将在下一节中进行讨论。

6.4 跨部门研究的意义

在产业组织中，传统的关注市场结构和绩效问题的实证研究是对大量异质性产业的跨部门研究［详见史马兰奇（Schmalensee，1989）和卡夫（Caves，2007）对大量文献的调查］。这些产业可能在市场规模及固定成本规模方面存在着巨大差异。固定成本规模决定了每个产业当中企业的规模经济性。给定产业的多样性，过去的实证研究尝试确定内生于产业动态的变量之间的关系，如企业更替率、产业集中度、市场价格、价格—成本边际以及研发强度。之前章节所呈现的比较动态结果能够帮助我们在一个统一的框架下理解这些跨产业部门的关系。

在我们的模型中，产业的两个系数可能不同，s 和 f。表 6.3 总结了这两个系数以及主要内生变量之间的关系。这些内生变量是我们在第 6.3 节进行比较动态分析所确定下来的。

内生变量与市场规模和固定成本具有七个相同的关系：进入率、退出率、产业集中度、产业领导者持续时间、市场价格、产业边际成本和产业价格—成本边际都与 s 负相关，与 f 正相关。与之相反，剩下的四个变量：企业数量、产业领导者变换频率、总研发支出和总研发中的创新份额成本，与 s 正相关，与 f 负相关。

表 6.3   产业特定因素和内生变量之间的关系

内生变量	系数	
	s	f
进入率（$\overline{ER}$）	−	+
退出率（$\overline{XR}$）	−	+
企业数量	+	−
产业集中度（$\overline{H}$）	−	+
产业领导者持续时间	−	+
产业领导者变换频率	+	−
价格（$\overline{P}$）	−	+
产业边际成本（$\overline{WMC}$）	−	+
产业价格－成本边际（$\overline{PCM}$）	−	+
总研发支出（$\overline{TRD}$）	+	−
总研发中的创新份额（$\overline{NRD}$）	+	−

从表 6.3 中得出的一个主要推论是内生变量之间的隐含关系是许多产业组织跨部门研究的核心。

第一，企业数量和市场价格是负相关的（或者产业集中度和市场价格是正相关的）。相类似的，企业数量和产业价格—成本边际是负相关的（产业集中度和产业价格—成本边际是正相关的）。

性质6.9：产业集中度与市场价格和产业价格—成本边际正相关。

所有这些预测与传统的结构—行为—绩效范式相一致。这一范式在跨部门实证研究中得到广泛讨论［韦斯（Weiss，1989）提供了一个详细检验这些问题的实证研究集。史马兰奇（1989）也对这一研究传统的实证文献进行了全面调查］。

第二，进入率和退出率是正相关的，因此一个具有高于平均进入率的产业，也具有高于平均的退出率，如存在着高更替率的产业，也存在着低更替率的产业（DRS，1988）。更进一步地，更替率与产业集中度正相关，所以一个高集中度的产业也具有更高的企业进入和退出率。[5]

性质6.10：更替率与产业集中度正相关。

这也意味着产业领导者的持续时间与产业集中度正相关，然而产业领导者的变换频率与产业集中度负相关。因此，市场由一家企业主导在更集中的产业中持续时间也更长。

性质6.11：产业领导者的持续时间与产业集中度正相关。

第三，具有较高更替率的产业，更可能存在相对无效率的企业，但是产业价格-成本边际可能由于市场价格高而趋向于较高。

性质6.12：更替率与产业价格-成本边际正相关。

由总研发支出所测量的研发强度和创新研发（而非模仿研发）所占成本份额在那些具有较高更替率的产业中较低。与此相反，在那些产业领导者变换频繁的产业中（即高产业内波动），两种研发变量都较高。

性质6.13：总研发支出和创新研发的成本份额与更替率负相关，但是与领导者变换频率正相关。

备　注

［1］他们的数据集包括1963～1967年和1967～1972年的387个四位SIC代码的产业，以及1972～1977年和1977～1982年的431个四位SIC代码的产业。

［2］基尼系数使用给定t时期所有产业中的所有企业的市场份额计算得到。因此，它包括所有在M^t中的企业。M^t被定义为在进入阶段之后，并在退出阶段之前。

［3］即使没有内生性研发，在位企业也会展现出成本优势，因为市场竞争的选择力量已经将相对无效率的企业从产业中清理出去了，因此平均来看提高了在位企业的效率。内生性研发的假设进一步扩大了这一相对成本优势，因此通过允许在位企业单独地降低其成本提高了进入障碍。当潜在进入企业能够零成本的复制在位企业最佳可用技术时，这种内生性进入障碍将不可能存在。但是在一定程度上，技术模仿仍然是不全面的，在位企业的研发行为将对潜在进入企业造成进入障碍。

［4］应当注意到在性质 6.6 中的研发总支出由内生性企业数量来决定。正如将在下一节中所展现的那样，一个产业所能维持的企业总数量随着市场规模增加而增加，随着固定成本上升而下降。当总研发支出由企业数量决定时，每个企业的研发支出对两个系数变化所作出的反应完全相反：它随着市场规模增加而下降，随着固定成本上升而增加。因为本章节的关注重点主要是产业层面的变量，所以我们仍以总体测算为主，而非每个企业测算。

［5］值得注意的是这一结果特指进入或退出率。在更为集中的产业中，进入或退出水平（数量）也更小。

7 稳定状态中的产业动态
——产业内部的变化

假设企业行为是理性且果断的，并且基本上所有企业都相同，研究仅在这种有可靠经验和熟悉动机的情况下是有效的。一旦离开这些情况，允许所研究的企业面临（并非简单的新情形）没有尝试过的、新的企业行为可能性，或者按照完全常规路径无法应对的情形时，这些研究将不能发挥作用。

——熊彼特（Schumpeter，1939，p. 98）

第 6 章通过对稳定状态的比较动态分析，致力于研究随时间变化的企业和跨产业的总体（或者平均）行为。本章节超越总体行为，深入探究个体企业行为，从而确定任何存在于相同产业中的企业所具有的持续异质性。本研究始于关注两类异质性：（1）企业间的技术多样性；（2）相互竞争企业所具有的不均等市场份额。这两个维度的变化受到随时间企业持续的进入和退出，以及企业生产效率不对等演化的驱动。这也意味着企业在生存可能性方面存在巨大差异。本章的第三节探讨企业生命持续时间的变化及其所蕴含的幼年死亡率现象。

7.1 技术多样性

7.1.1 研发降低技术多样性

为了提出本章的研究问题，首先观察在第 4 章研究的一个特定（基准）

产业模型。该模型展现出了等式（4.3）所定义的持续技术多样性程度，详见图4.4（a）和图4.4（b）。这样持续的技术多样性是由于受到技术环境外部冲击的驱使。注意到一个企业追求研发（无论是创新还是模仿）本质上是自适应，因为研发活动被模拟为一个搜寻过程，其中所有的企业都尝试靠近唯一最优的技术（对于所有企业都相同）。给定最近的一次对技术环境的冲击，企业（通过研发）的逐渐适应降低了产业当中技术多样性的程度，直到它受到另一次外部冲击。当一个新技术冲击发生，它为具有区别于在位企业技术的潜在进入企业提供了新的机会，暂时地提高了产业中技术多样性程度。那么技术多样性的平均程度是由于两个对抗力量之间相互平衡的结果：（1）技术环境受到的外部冲击通过新企业进入提高了多样性程度；（2）在位企业的研发活动通过提升对新技术环境的适应性降低了多样性程度。

考虑到上述两种力量，以及在模型中设定企业研发是内生的，那么在保持外部冲击比率（γ）和大小（g）固定不变的情况下，技术多样性的平均程度（$\overline{DIV}$）应当随着趋于稳定状态而逐渐下降。基于模型设定，本研究进行计算实验来验证这一直觉。首先是基准产业系数设定，本研究采取通常所设定的所有企业内生性的制定其研发决策，来产生并孕育一个产业。基于相同的系数设定，产生并孕育另一个产业，在其中进入企业具有随机技术禀赋，但是在它们停留在产业的期间，从来不进行任何研发（即不采用任何新技术）。因此，对于这个产业来说，允许内生性研发的模型构成部分就被取消了。

在这两个设定下，本研究计算了每次重复模拟的稳定状态下的技术多样性程度（测算了从 $t=3001$ 到 $t=5000$ 的 2000 期的多样性均值）。图7.1展示了来自 500 次独立重复仿真的具有内生性研发和不具有内生性研发的稳定状态均值。与之前的预测相一致，允许企业进行研发来降低平均技术多样性程度。

给定之前所描述的内生性研发的作用，可以进一步推测，当研发是内生的，研发成本（K_{IN} 和 K_{IM}）的降低将通过促使企业增加研发活动总量，造成稳定状态 $\overline{DIV}$ 的下降。这一点已经在比较动态分析中得到证实。该分析针对研发固定成本（即 K_{IN} 和 K_{IM}），而保持其他系数在其基准水平不变。

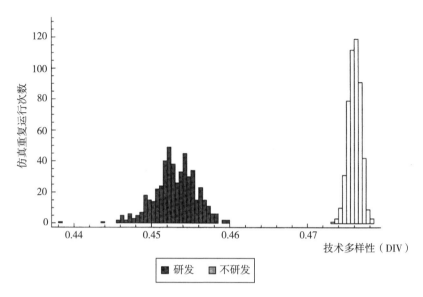

图 7.1 500 次独立重复仿真得到的稳定状态下平均技术多样性

图 7.2 展现了在四对不同 K_{IN} 和 K_{IM} 下，进行 500 次重复模拟的研发活动稳定均值及其技术多样性。其中，K_{IN} 总是大于 K_{IM} 两倍：

$$K_{IM}:(K_{IN},K_{IM}) \in \{(100,50),(300,150),(500,250),(700,350)\}$$

首先，注意到在这个分析中，总研发支出（TRD）不再是研发效应的充分测量，因为它包含研发成本自身的变动：TRD 的变化可能是因为研发活动量的变化，或者是研发成本的变化。为了避免这一问题，我们直接探讨研发总数（即我们计算在每个时点发生研发支出的企业总数量，无论是研发创新或是模仿）。图 7.2（a）呈现了（K_{IN}，K_{IM}）四种不同情形下稳定状态研发平均数量。正如预期的那样，当研发成本较低时，企业研发越活跃。

同样与我们的直觉相一致，图 7.2（b）显示出稳定状态技术多样性的平均分布随着研发成本的提高而向上移动。基于这些观测，我们总结出：

性质 7.1：较低的研发成本导致企业更高的研发活动量，因此，随着趋于稳定状态，更为密集的搜寻将造成技术多样性的下降。

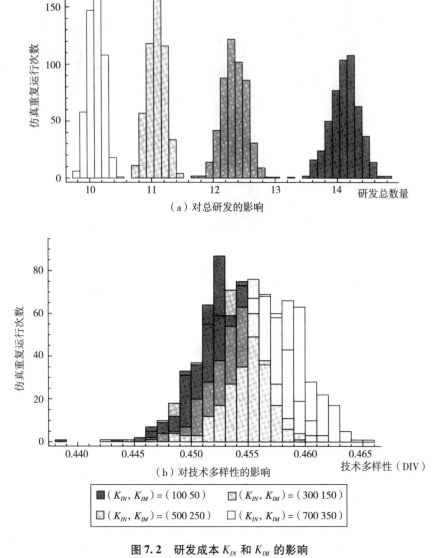

（a）对总研发的影响

（b）对技术多样性的影响

| ■ $(K_{IN}, K_{IM}) = (100\ 50)$ | ▨ $(K_{IN}, K_{IM}) = (300\ 150)$ |
| □ $(K_{IN}, K_{IM}) = (500\ 250)$ | □ $(K_{IN}, K_{IM}) = (700\ 350)$ |

图 7.2　研发成本 K_{IN} 和 K_{IM} 的影响

7.1.2　市场规模和固定成本对技术多样性的影响

技术多样性程度也依赖于模型中两个主要系数的值 s 和 f。图 7.3 显示 500 次重复模拟的 $\overline{DIV}$ 的平均值对于所有系数值保持在 0.448 以上。更进一步地，确定出如下性质：

性质7.2：技术多样性的均值随着市场规模的增加而增大，随着固定成本规模的增加而减少。

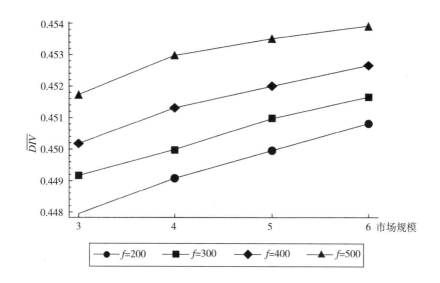

图7.3　市场规模和固定成本对稳定状态下技术多样性的均值影响

因此，相对更低的生产固定成本，企业可能在更大的市场中保持更多的技术多样性。因为在这些市场中稳定状态下的企业数量更多，所以更高程度的技术多样性主要受到更大企业数量规模的驱动。

7.2　市场份额的非均等性

一个产业中企业所采纳的技术的多样性导致这些企业生产效率的非对称性。这也意味着这些企业的市场份额必定存在显著差异。在任何时期，这种非均等的程度可以使用在第4.1节等式（4.4）所定义的基尼系数（G^t）来测量。在本节中，我们将检验内生性的研发以及产业特定因素，如s和f如何影响非均等稳定状态均值$\overline{G}$。

7.2.1　研发增加了市场份额的不均等

不均等的市场份额表明竞争企业在生产效率方面存在差异。因为企业的长期效率依赖于其开展研发活动的程度，一个相关的问题是允许企业进行研发如何影响稳定状态下市场份额非均等的程度。为了回答这一问题，本研究重复前面章节所进行的计算实验，在其中运行两类仿真，其中之一没有内生性研发，而另一个有内生性研发。每个仿真包括 500 次独立重复运行，每次重复都计算基尼系数的稳定状态均值 $\overline{G}$。这两种情况下的 500 次重复运行所得 $\overline{G}$ 值绘制在图 7.4 中，清晰地表明当允许企业进行研发，市场份额分布更加不均等（即基尼系数更高）。

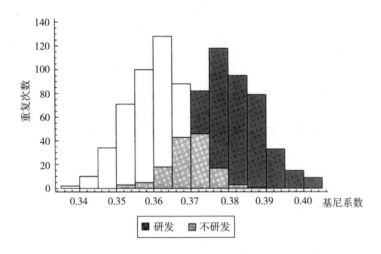

图 7.4   稳定状态下平均市场份额的非均等性

回顾在 6.3.1 节所讨论的"产业间波动"，追求研发使得在位企业能够更为有效地适应变化的环境，因此，在内生性研发下降低了产业间波动。然而，在位企业效率的普遍改进增加了它们之间的竞争程度，导致存活企业的边际成本分布更低，也更密集。一个微小的成本改进可能给予企业提高其市场份额的潜在机会，因此，随着趋于稳定，增加了市场份额的非均等性。

上述直觉进一步得到对 K_{IN} 和 K_{IM} 所进行的比较动态分析的支持。复制前面章节的程序，我们计算了对于：

$$(K_{IN}, K_{IM}) \in \{(100,50),(300,150),(500,250),(700,350)\}$$

所进行的 500 次独立重复运行所得的基尼系数稳定状态均值。与我们的直觉相一致，我们观察到性质7.3（见图7.5）：

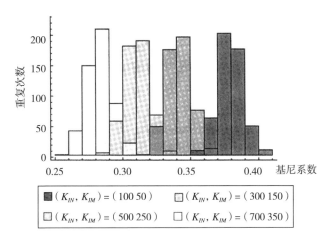

图7.5　研发成本 K_{IN} 和 K_{IM} 对稳定状态下平均市场份额非均等性的影响

性质7.3：当研发成本较低时，市场份额的非均等性较高（从而造成研发量更大）。

7.2.2　市场规模和固定成本对市场份额非均等性的影响

市场份额的非均等性也依赖于市场规模和固定成本。对于两个系数的比较动态结果展现在图7.6中。

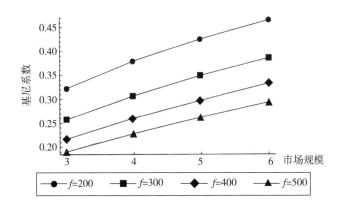

图7.6　市场规模和固定成本对稳定状态下平均市场份额非均等性的影响

性质 7.4：市场份额的非均等性（$\bar{G}$）随着市场规模扩大而增加，随着固定成本规模下降而降低。

当产业的市场规模和固定成本基础存在差异时，性质 7.2 和性质 7.4 联合起来表明技术多样性和市场份额的非均等性是正相关的。这些 s 和 f 的值导致更高的技术多样性，也导致更高的市场份额非均等性。

7.3 企业的生存期

以持续进入和退出为特征的产业稳定状态蕴含着企业的生存期。一个具有较高更替率的产业，其中的企业应当展现出较短的生存期，反之则反。在对这一方面进行产业间差异化的比较研究时，让我们首先来检验一个产业当中的企业生存期的差异。

作为分析起点，我建议首先回顾 1895 ~ 1966 年美国汽车产业的进入和退出数据（来自第 5 章）。进入和退出数据由史密斯（1968）的研究所构建，并绘制在图 5.2 中。在该时期，共有 917 家企业退出，但是在企业退出时，它们的在位年限存在巨大差异。一些企业在它们进入市场的当年就退出，因此它们的生存期为零。尽管其他的企业更为幸运，如图 5.3 所示，但是早期死亡率现象也在这一时期清晰的显现出来。所观测到的主要生存期是 62 年。

给出企业在其退出时的年限数据，让我们以距离为 5 来绘制退出年限的图。也就是说，第一个数据从 0 到 4，第二个从 5 到 9，第三个从 10 到 14，以此类推（见图 7.7）。如图 7.7（a）所示，其中横轴表示每个连续数据的起始年限，而纵轴表示属于每个年限数据的退出企业占所有退出企业比率。图像表明 63% 的退出企业生存期在 0 ~ 4；24% 的退出企业生存期在 5 ~ 9；6% 的生存期在 10 ~ 14，以此类推。

图 7.7（b）绘制了相似的双重对数尺度图。对数尺度下的图像大概是线性的，这显示出了企业生存期分布的幂次定律形式。更为具体地，设 $f(x)\,\mathrm{d}x$ 为年限处在 x 到 $x + \mathrm{d}x$ 之间的退出企业。双对数图形呈直线的事实说明 $\ln f(x) = -\hat{a}\ln x + \hat{c}$，其中 $\hat{a}$ 和 $\hat{c}$ 是常数。等式两边取指数形式，可以重新写为：

$$f(x) = \hat{C}x^{-\hat{a}} \tag{7.1}$$

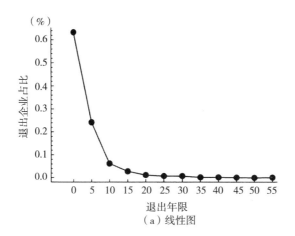

（a）线性图

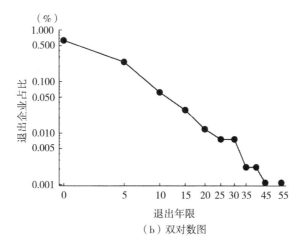

（b）双对数图

图 7.7　1895～1966 年美国汽车产业中退出企业的年限分布

其中 $\hat{C} = e^{\hat{c}}$。具有式（7.1）的分布被称为遵循幂次定律，其中常数 $\hat{a}$ 被称为幂次定律的指数。

　　给定汽车产业的退出年限数据，可以发现一个最小二乘拟合，其中最合适的拟合为 $\hat{a} = 2.83755$ 和 $\hat{c} = 0.12509$。在图 7.8 中，拟合直线与真实数据高度吻合。幂次定律分布能够很好的特征化美国汽车产业的生存期。

　　下一个问题是本书的计算模型能否预测的特征。为了回答这一问题，让我们随机选择一个来自基准模拟的重复运行过程，并检验发生在 $t = 3001$

到 $t=5000$ 的稳定状态下，每个企业退出年限。图 7.9（a）显示了一个随机选出的重复运行过程中退出年限（即生存期）。在 2000 期稳定状态中，共有 1363 次退出。图中的年限标签经过定义，使得每个标签刻度为一个单位。存在 174 例（13%）退出企业年限仅为 1 年；176 例（13%）退出企业年限是 2 年；85 例（6%）退出企业年限是 3 年，55 例（4%）退出企业年限是 4 年，以此类推。从这些数据中能明显看出"早期死亡率"现象。

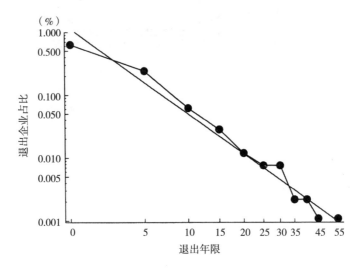

图 7.8　1895～1966 年美国汽车产业中退出企业年限分布的最优拟合

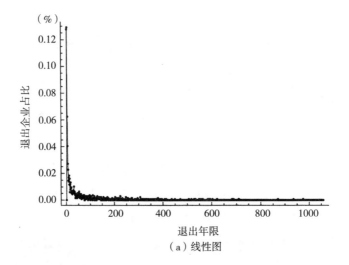

（a）线性图

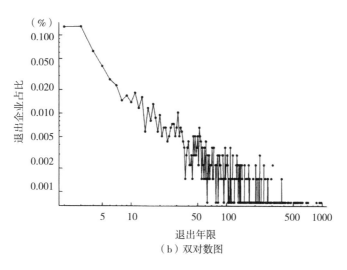

图7.9 计算模型的退出企业年限分布（刻度 =1）

更为有趣的是，当把相同的数据绘制到双对数刻度的图7.9（b）中时，它呈现出直线形式，并具有负斜率，正如美国汽车产业的情形。数据的尾端分布相当的嘈杂，但这是因为所设定的数据刻度很小。为了得到平滑的图像，我们也可以增大数据刻度。如假设每个数据刻度包含 200 个年限水平：第一个刻度包括从 0～199 段的年限，第二个刻度包括 200～399 段的年限，以此类推，所得图形如图 7.10（a）和图 7.10（b）所示。

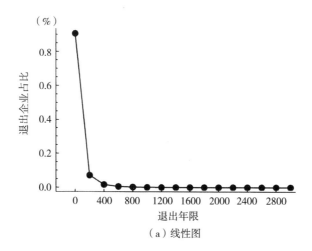

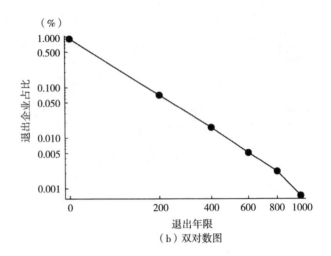

（b）双对数图

图 7.10　计算模型的退出企业年限分布

正如美国汽车产业的情形，模型预测企业生存期具有幂次定律分布特征。在图 7.10 中最好的拟合数据需要 $\hat{a}$ = 3.87739 和 $\hat{c}$ = 0.003927 。在图 7.11 中根据模型产生的数据绘制拟合直线，几乎完全拟合。

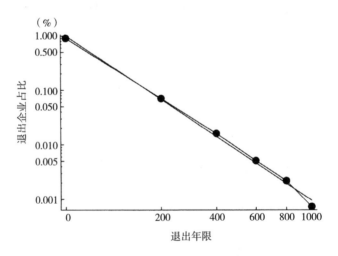

图 7.11　计算模型的退出企业年限分布的最优拟合

　　与之前分析多样性和非均等相一致，现在考虑内生性研发对企业退出年限分布的影响。在具有内生性研发和完全不具有内生性研发两种独立设定下，收集来自500次独立重复仿真的退出年限数据。

　　在两种设定下，来自随机重复仿真的数据绘制在图7.12中的双对数图中。注意到图像显示出当企业不进行任何研发时，退出年限（生存期）的分布更低。仔细检验在每种设定下所进行的500次重复仿真的数据，可以得出这是一般特性。事实上，幂次定律的平均指数（即平均重复运行500次）在具有研发的情况下是 $\hat{a} = 3.76913\,(0.295897)$，在不具有研发的情况下是 $\hat{a} = 5.23248\,(0.349334)$（括号中的数字是标准差）。因此，内生性研发增加了企业生存期。

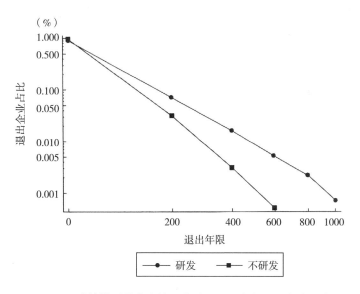

图7.12　计算模型的内生性研发对企业退出年限分布的影响

　　我们也考虑了 f 和 s 两个系数对幂指数（$\hat{a}$）的影响。表7.1报告了每种系数设定下，平均500次重复仿真的指数。我们观察到指数随着市场规模增大而下降，随着固定成本增大而增加。

表 7.1　　　　　　幂指数拟合值（$\dot{a}$）$\ln f(x) = -\dot{a}\ln x - \hat{c}$

指数	$f = 200$	$f = 300$	$f = 400$	$f = 500$
$s = 3$	4.02977 (0.305441)	4.29375 (0.353486)	4.44048 (0.384022)	4.51863 (0.423841)
$s = 4$	3.76913 (0.295897)	4.04658 (0.323955)	4.21939 (0.362293)	4.34876 (0.376611)
$s = 5$	3.56886 (0.234936)	3.85695 (0.304432)	4.09201 (0.322524)	4.20512 (0.361473)
$s = 6$	3.40564 (0.215558)	3.71631 (0.270477)	3.90947 (0.289772)	4.06501 (0.328204)

为了对这两个指数 f 和 s 如何影响企业生存期有更为直观的了解，通过研究在给定年限（AGE）退出的企业或者早期的退出企业占所有退出企业的比率，来进一步取得给定退出年限的累计密度函数，相同类型的信息也展现在对于美国汽车产业的图 5.3 中。图 7.13（a）所给出的信息是对于 $s = 4, f \in \{200, 300, 400, 500\}$，以及图 7.13（b）对于 $f = 200, s \in \{3, 4, 5, 6\}$。与幂次定律指数观测的相一致，当固定成本更高或者市场规模更小时，企业生存期很短（即在特定年限或早期年限，有更大比例的企业退出）。

性质 7.5：企业平均生存期随着市场规模（s）增大而减少，随着固定成本（f）增大而提高。

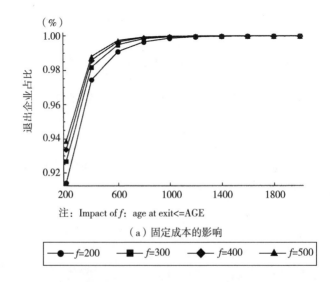

注：Impact of f: age at exit<=AGE

（a）固定成本的影响

—●— f=200　　—■— f=300　　—◆— f=400　　—▲— f=500

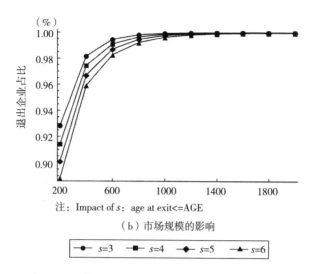

注：Impact of *s*：age at exit<=AGE

（b）市场规模的影响

━●━ *s*=3 ━■━ *s*=4 ━◆━ *s*=5 ━▲━ *s*=6

图 7.13　在给定年限条件下企业退出产业的比例

回顾性质 6.3，企业更替率随着市场规模增大而降低，随着固定成本增大而增加。性质 7.5 可以直接得出在那些具有更高企业更替率的产业中，企业平均生存期更短。

8 需求波动下的周期性产业动态

商业周期不仅仅是总体经济的波动。将其与 20 世纪早期发生的商业震动，以及我们这个时期所出现的季节性和其他短期变化相区分的关键特征是这一波动在经济中广泛传播。这涉及经济中的产业、商业往来及金融纠纷。西方世界的经济是一个系统性的、密切相互联系的部分。无论是谁想要理解商业周期，必须掌握经济系统运作机理。该经济系统的大部分处在一个由自由搜寻利润的企业所构成的网络中。因此，商业周期如何出现的问题与资本主义经济如何运作的问题不可分离。

——彭斯（Burns，1951，p. 3）

许多产业波动常常与总体经济（商业周期）相关，尽管敏感程度不同。例如，大量的宏观经济和产业组织实证研究文献得到如下观察：（1）企业进入和企业形成是顺周期的；（2）价格水平和平均企业加价是逆周期的；（3）研发活动是顺周期的。

查特吉等（Chatterjee et al.，1993）在具有进入的两部门世代交叠模型中分析静态太阳黑子均衡和内生周期。他们所推导出的均衡给出了许多实证内涵：（1）净企业形成数量是顺周期的；（2）加价是逆周期的；（3）价格是逆周期的。在垄断竞争的商业周期模型中，德弗罗等（Deverux et al.，1996）的研究凭借技术冲击，在周期中产生企业进入和退出。他们的模型预测有顺周期的企业净进入，因此，企业数量在积极技术冲击下出现增长（暴涨）。艾绰和科尔恰戈（Etro and Colciago，2010）的研究也提供了顺周期的净企业形成和逆周期加价的实证证据。

许多研究者从实证和理论研究中发现，加价是逆周期的，并与竞争者数量负相关（Bils, 1987; Chatterjee et al., 1993; Rotemberg and Woodford, 1990, 1999; Warner and Barsky, 1995; Chevalier and Scharfstein, 1996; MacDonald, 2000; Chevalier et al., 2003）。马丁斯、斯卡尔佩塔、派拉特（Martins, Scapetta and Pilat, 1996）的研究覆盖了 14 个 OECD 国家的不同产业，发现逆周期加价的情况在 56 个研究案例中有 53 个，其中的多数是统计显著的。此外，这些研究者得出进入率与加价具有显著的负相关性。布雷斯纳汉和赖斯（Bresnahan and Reiss, 1991）发现生产者数量的增长，增加了市场的竞争性。坎贝尔和惠普纳恩（Campbell and Hopenhayn, 2005）提供了实证证据来支持这一观点，即企业定价决策受到它们所面对的竞争者数量的影响；研究表明加价对企业数量增加做出负向反应。

罗滕伯格和萨罗纳（Rotemberg and Saloner, 1986）对价格的逆周期变动提供了实证证据，并且在需求遭受独立同分布冲击的情况下，该研究给出了一个共谋定价模型。他们的模型产生了逆周期共谋，并预测出逆周期定价。霍尔蒂万格和哈林顿（Haltiwanger and Harrington, 1991）以及坎多利（Kandori, 1991）提出的模型更进一步支持了该理论，尽管格林和波特（Green and Porter, 1984）发展了触发定价模型，预测出价格和需求共同波动。艾绰和科尔恰戈（Etro and Colciago, 2010）在 DSGE（动态随机一般均衡）模型中，在伯川德和古诺竞争条件下，检验了内生性市场结构，并发现：（1）新企业进入是顺周期的；（2）个体和总体利润是顺周期的；（3）价格加成是逆周期的。

科曼和格特勒（Comin and Gertler, 2006）提供了中短期商业周期证据，并表明研发趋向于沿着顺周期变动。在他们提出的真实商业周期模型中，允许研发、技术采纳和价格加成的变动，并能够做出与实证证据相一致的预测结果。巴利维（Barlevy, 2007）使用 NSF 数据和标准普尔数据研究表明研发是顺周期的。接下来，他构造了一个包括研发部门的真实的商业周期模型，在其中生产和研发为劳动力资源而竞争。研发的周期性行为受到生产和研发的相对生产率随时间变动的驱动。

在本章中，研究通过使用产业动态的计算模型探讨这些实证规律，并期望贡献于如此大量的研究文献。研究表明我们的模型能够复制所有上述规律，并且更为重要的是，在一个框架下，确定出了产生这些规律的潜在机制。

8.1 概述

将产业层面的波动与经济层面的波动相联系的一个方式是通过由整体经济范围内的波动而造成的市场需求规模的变动。本章关注无论由任何原因所引起的市场需求波动，如何影响产业演进动态，并最终导致某些内生性变量的周期性模式。

正如之前章节所表明的那样，本研究所构建的模型能够仅依靠对技术环境的冲击而产生持续的企业进入和退出。在本章中，为了确定随时间需求变动和企业适应性行为之间的关系，我们在基准模型中加入了市场需求波动。这需要市场规模系统性的变动，并允许企业通过调整它们的进入和退出决策，以及它们的研发投资和生产决策来对这些变化做出反应。

在加入需求波动的情况下，外部冲击可能表现出两种不同的形式：（1）由技术环境的变化所带来的供给冲击；（2）由市场需求规模变化所带来的需求冲击。从理论上说，为什么一种冲击应当比另一种在更高或更低的概率上发生是不存在先验理由的。因此，企业对需求波动的适应性行为内化了它们对更为频繁的技术冲击的反应。

研究首先考虑一系列相联系的市场规模的随机变动。该随机变动具有一个描述需求持续性的系数。在这样的设定下，研究表明该模型能够预测与实证研究相一致的周期性产业动态。为了确定这样周期性模式的原因和影响因素，接下来本研究考虑一个确定性需求周期，其中市场规模变量遵循正弦波。这一设定，尽管严格，但是能够对潜在过程有一个清晰的认识，在该过程中企业系统性的适应变化的市场条件，并在产业演化中内生性的产生周期性模式。

对于两种设定，计算机需要运行一系列仿真，每一种始于一个空白产业，其中有固定规模的潜在进入企业（每个时期进行更新）。每次运行产生

500 期体现企业行为特征的各种内生变量的时间序列数据。研究允许企业进入和退出市场变动，以及其他内生性变量变动。

本研究分析的核心是在市场价格（P^t）、产业边际成本（WMC^t）、价格—成本边际（PCM^t）、总利润（Π^t）和总研发支出（$\sum_{\forall i \in M^t} I_i^t$）变动中识别并描述周期性的特征。仿真的结果表明价格和价格—成本边际的周期性与进入和退出动态以及企业研发支出动态的周期性密切相关。首先，进入和退出是顺周期的，但是进入在繁荣时期是主导，而退出在衰退时期是主导。这导致企业数量在繁荣时期增长，在衰退时期下降。因此，产业集中度是逆周期的。产业结构的这一变化对市场竞争程度有重要影响。繁荣时期企业数量的增长提高了竞争程度，而衰退时期企业数量的下降降低了竞争程度。所造成的结果是市场价格沿着逆周期变动，而产业产出和总收入沿着顺周期变动。

产业总边际成本也展现出逆周期性，即企业总生产率是顺周期的。对此存在两个来源：第一，在繁荣时期，竞争程度的提高，增加了对企业的选择压力，在很大程度上驱除了无效率的企业，因此普遍降低了生存企业的边际成本。在衰退时期竞争程度的下降，将正好具有反向作用。"选择效应"能够导致产业平均边际成本向着逆周期变动。第二，任何企业内生性研发活动的周期性趋势可能导致企业边际成本的周期性，即"自适应效应"。尽管两种效应都在本模型中有所体现，本章所得结果显示，相比"选择效应"，平均边际成本的逆周期性更多的是源自内生性研发所带来的"自适应效应"。事实上，模型预测相比衰退时期，在繁荣时期的研发活动更为强烈。给定研发在本模型中所起的作用是降低生产的边际成本，那么顺周期的总研发将通过自适应效应导致逆周期的平均边际成本。

尽管市场价格和产业平均边际成本是逆周期的，但是价格的变化倾向于超过平均边际成本，以至于价格、边际成本加成或者价格—成本边际是逆周期的。正如之前所讨论的，大量的宏观经济和产业组织应用或理论研究表明在总体经济层面或者产业层面上，存在着逆周期的价格和加成。在 2008～2009 年经济严重下滑时期，对寡头定价行为的媒体报道进一步支持了这些研究。

购物者持续削减花费，甚至包括基本的生活开销，从而导致宝洁公司和高露洁公司的销售低于预期。这些消费品巨头做出提高价格的反应，以确保经济下跌期的利润……为了抵消更高的商品价格和全球汇率波动所带来的影响，宝洁公司和高露洁公司到三月为止的一个季度里提高了价格。保洁公司说更高的价格提升了7%的总销售。高露洁公司提高了8%的价格。

——拜伦（Byron，2009，p. B1）

尽管成交量平稳，国内两家最大的酿酒销售商在今年秋天计划开始新一轮的提价，以显示它们逐渐增长的影响力。美国销售收入最大的啤酒销售商百威英博啤酒集团以及米勒康胜公司在周二宣布，将提高它们在美国多数销售区域的啤酒价格。百威公司美国区域经理大卫·皮科克说："我们打算在秋季提高我们在美国多数地区的价格""我们认为目前的环境是非常有利的"。米勒康胜公司也说将提高价格，"我们已经看到迄今为止最强烈的加价信号，我们正计划推进一个更好的定价环境"，米勒康胜公司的一位副经理布拉德·施瓦茨说……两个美国酿酒巨头都报告今年有很高的利润，部分是通过提高价格来抵消销售量平平。

——凯斯莫德尔（Kesmodel，2009，p. B1）

本章在一个基于企业进入和退出过程，以及由内生性研发所驱动的熊彼特创造性破坏过程的框架中，探究周期性定价行为。

8.2 需求的随机变动

考虑如下市场规模的随机变化：

$$s^t = \begin{cases} \hat{s} & \text{对于 } 1 \leqslant t \leqslant 2000; \\ \max\{0.1, (1-\theta)\hat{s} + \theta s^{t-1} + \varepsilon^t\} & \text{对于 } t \geqslant 2001 \end{cases} \quad (8.1)$$

其中 $\hat{s}$ 是事先设定好的市场规模均值（在我们的模拟中取值为4），θ 是需求持续不变的概率，ε^t 是随机噪声。假设 ε^t 是在 $-1/2 \sim 1/2$ 的均匀分布。

市场规模 $\hat{s}$ 在起初的2000期内保持4不变，这是为了给予产业足够的时间以达到其稳定结构，即企业总数量围绕着一个稳定均值上下波动的稳定状态。从 $t = 2001$ 期开始，市场规模遵循以上设定的动态调节（该调节过程具有下限值 0.1）。之后的 1000 期里，产业逐渐适应需求的周期性变动，我们分析了最后 2000 期，从 $t = 3001$ 到 $t = 5000$ 之间的时间序列数据。

注意到更高的 θ 值意味着需求更为黏性，一个重要的问题是需求的持续性（黏性）如何影响不同内生性变量的周期性。对于本书所报告的模拟结果，θ 取 6 个不同的值，$\theta \in \{0.5, 0.7, 0.9, 0.925, 0.95, 0.97\}$。所有其他系数保持在表 4.1 所示的基准水平。对于每个 θ 值来说，进行 500 次独立重复仿真，每一次采用一组新的随机数。

图 8.1 描绘了从单一随机选择重复仿真过程中，随机选择出的 100 个连续时期，四个主要内生性变量相对市场规模变量 s^t 变动的典型变动，包括企业总数、价格、产业利润和总研发支出。图中虚线表示的曲线是 s^t 的变动，而实线表示的曲线是给定内生性变量的变动。持续性系数 θ 在这一特定运行中设定在 $0.95^{[1]}$。从这些时间序列变化中可以看出，企业数量是顺周期的。市场价格是逆周期的；产业利润是强烈顺周期的；总研发支出是微弱顺周期的。

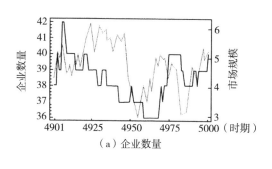

（a）企业数量

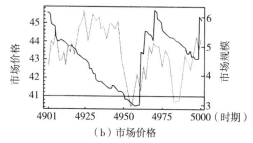

（b）市场价格

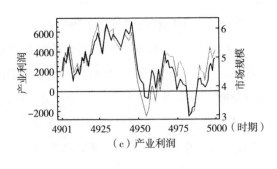

（c）产业利润

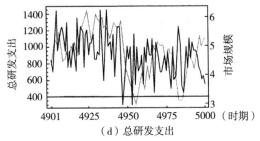

（d）总研发支出

注：持续性系数 $\theta = 0.95$。

图 8.1　市场规模随机情况下的产业动态

　　为了探究这些周期性趋势是否是系统内生的，而不是仅仅出现在一次模拟运行中，本研究检验了在 $t = 3001$ 到 $t = 5000$ 之间，现实市场需求时间序列和内生性变量输出的时间序列之间的关系。对于每个内生性变量，这样的相关系数在每次重复模拟中都进行计算。表 8.1 报告了来自每个变量 500 次独立重复运行的平均相关性。首先，注意到进入者的数量与市场规模正相关，而退出者的数量与其他变量微弱的或者不相关。因此，净进入者的数量与市场规模正相关。这导致企业数量与市场规模正相关。所以企业数量展现出顺周期的趋势，而产业集中度 H^t 展现出逆周期的趋势。

表 8.1　　　　　　　　　　　　**市场规模和内生性变量的相关性**

内生性变量	θ					
	0.5	0.7	0.9	0.925	0.95	0.97
进入企业数量	0.09385	0.10322	0.11657	0.13325	0.14074	0.14148
退出企业数量	−0.02651	−0.02146	0.00302	0.01844	0.03402	0.03905

续表

内生性变量	θ					
	0.5	0.7	0.9	0.925	0.95	0.97
净进入企业数量	0.10772	0.11217	0.10308	0.10483	0.09881	0.09600
运营企业数量	0.04851	0.07692	0.21689	0.28875	0.38755	0.49843
产业集中度	−0.05983	−0.11142	−0.28404	−0.36813	−0.47827	−0.59718
价格	−0.02475	−0.04946	−0.15846	−0.19263	−0.27268	−0.40277
产业边际成本	0.00124	−0.00054	−0.02488	−0.01479	−0.02655	−0.08369
产业产出	0.99753	0.99831	0.99935	0.99950	0.99966	0.99977
产业收入	0.95174	0.96588	0.98592	0.98917	0.99263	0.99487
产业利润	0.38035	0.41818	0.52905	0.54896	0.58590	0.61795
价格—成本边际	−0.03963	−0.07303	−0.18285	−0.25287	−0.34080	−0.44020
总研发支出	0.01635	0.03713	0.11378	0.15973	0.22659	0.31631

正如图 8.1（b）的时间序列所示，市场价格是逆周期的，即它与市场规模是负相关的。产业边际成本与市场规模也是负相关的，尽管这一相关性十分微弱。总研发支出是顺周期的，总产出和总收入都与市场规模完全相关。产业利润也是强烈正相关的。另外，产业价格—成本边际与市场规模负相关，展现出逆周期的趋势。

所有这些结果与实证研究文献所报告的典型事实一致。此外，需求持续度 θ 显现出系统性的影响这些变量的周期性。比较不同 θ 值之间的关系，θ 的增加一般会增强周期性，即除了退出者和净进入者数量之外，对于更大的 θ 来说，相关性（正相关或负相关）也普遍较强。

8.3　需求的确定性变化

为了探究周期性的潜在影响因素，现在考虑由正弦曲线定义的 s^t 的确定性路径：

$$s^t = \begin{cases} \hat{s} & \text{对于 } 1 \leqslant t \leqslant 2000; \\ \hat{s} + \sigma\sin\left[\dfrac{\pi}{\tau} - t\right] & \text{对于 } t \geqslant 2001; \end{cases} \tag{8.2}$$

其中，$\hat{s}(=4)$ 是事先设定好的平均市场规模；σ 是波动幅度；τ 是时期的一半

（因此，一个时期是 2τ ）。式（8.2）中的 π 是一般性数学常数，约等于 3.14159。

在本书的模拟中，$\sigma = 2$ 且 $\tau = 500$。正如之前的那样，在起初的 2000 期中，市场规模固定在 4，为了给予产业足够的时间以达到稳定结构。我们的研究关注从 $t = 3001$ 到 $t = 5000$ 的最后 2000 期。图 8.2 描绘了在给定特定系数值的情况下，相应时期的需求周期。与之前一样，在时间序列的每个点上，所报告的内生变量值是来自 500 次独立重复运行对应值的平均。

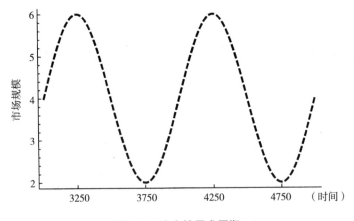

图 8.2　确定性需求周期

我们首先检验了在给定市场规模周期性变动情况下的市场价格变动。图 8.3（a）展现了随着市场规模（s）决定性路径（虚线）而得出的价格路径（实线）。

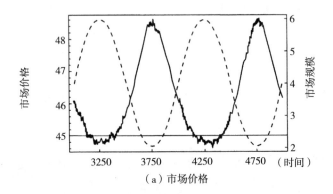

（a）市场价格

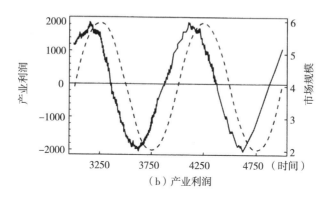

图8.3 市场价格和产业利润的周期性动态

性质8.1：市场价格是逆周期的。

尽管价格是逆周期性的，但是产业利润大体上是顺周期的，详见图8.3（b），总利润周期倾向于高于需求曲线，以至于它达到峰值时市场规模仍在增长。

性质8.2：产业总利润是顺周期的。

为了理解这些性质，我们检验了需求周期性对企业变动和产业结构演化的影响。图8.4（a）和图8.4（b）展现出随时间增长，进入者数量和退出者数量的变化。市场需求的增加（减少）一般会提升（降低）进入者的数量，尽管两个变动并非是完全相关的。当需求增加，只要需求以一定的增长的比率提高，那么进入者的数量也会增加。当需求以一个下降的比率增加，进入者数量也会下降。同样地，在需求周期的下降部分，只要需求以一个增长的比率下降，进入者数量也降低。一旦需求下降减缓，企业进入数量开始增长。总的来说，这些性质意味着进入周期早于需求周期。

退出数量遵循与进入数量相类似的周期性，详见图8.4（b）。这意味着进入和退出随时间相互变动，即进入者数量相对较高的时期，也是退出者数量相对较高的时期。这表明在繁荣期的产业相较在衰退期的产业，具有更高的扰动程度（产业内部波动）特征。然而，净进入展现出顺周期性，如此一来，在给定时期的企业总数量也表现出顺周期的特征，详见图8.4（c）。自然地，赫芬达尔—赫希曼指数（测算产业集中度）的时间序列遵循逆周期的路径，如图 8.4（d）所示。

性质 8.3：企业数量是顺周期的（而产业集中度是逆周期的）。

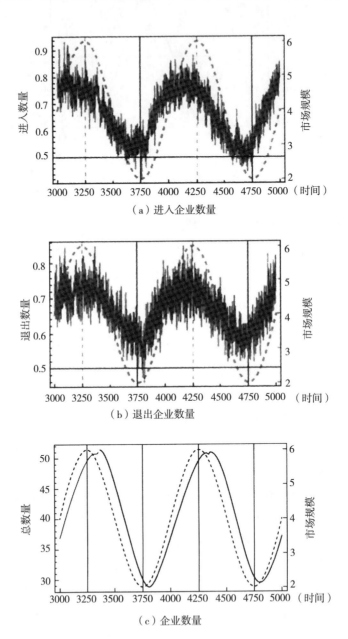

（a）进入企业数量

（b）退出企业数量

（c）企业数量

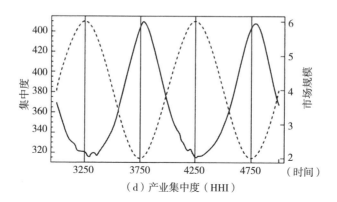

（d）产业集中度（HHI）

图 8.4   产业结构的周期性动态

　　这一性质意味着在产业繁荣时期的竞争程度要高于衰退时期。这提供了一个基于市场势力的解释，回答了为什么我们观察到在性质8.1中的市场价格是逆周期性的。在繁荣时期更高数量的进入者增加了竞争程度，拉低了价格，然而在衰退时期更少数量的进入者降低了竞争程度，推高了价格。

　　图8.5（a）展现出平均价格—成本边际是逆周期的。

　　性质8.4：产业平均价格—成本边际是逆周期的。

　　如果企业边际成本仍然随时间保持不变，那么这一性质可以仅仅基于逆周期价格进行解释。然而，实际情况并非如此。产业边际成本倾向于随着竞争波动程度而变动。它的变动源于：（1）企业进入和退出周期；（2）生存企业研发活动的变动。图8.5（b）展现出的产业边际成本 WMC^t 是逆周期的：相比衰退期，企业在繁荣期更有效率。

　　性质8.5：产业平均边际成本是逆周期的。

　　这一结果应当与我们观察到的进入和退出动态相一致，并展现出相比衰退期，繁荣期的市场竞争更为激烈，因此也有更强的选择效应。在繁荣时期，一个更具选择性的市场将会淘汰掉无效率的企业，并推动平均边际成本下降到一个更低的水平。然而，在衰退时期，选择性更低的市场将允许无效企业停留在市场当中。更进一步的探究企业效率周期性的来源，揭示出这一解释尽管正确，但是相对其他因素仍是次要的。

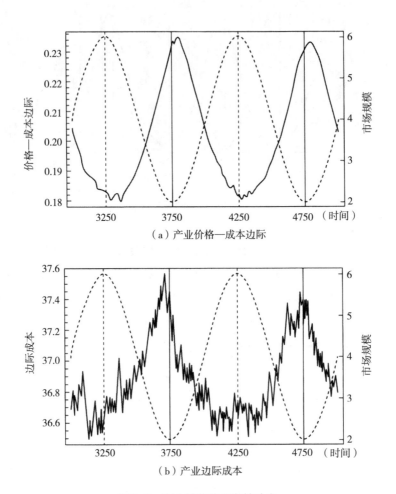

（a）产业价格—成本边际

（b）产业边际成本

图 8.5　产业绩效的周期性动态

　　为了进行更为系统性的分析，我们又进行了两个不同模拟，其中一个含研发决策，另一个不含研发决策。图 8.6 报告了给定需求周期条件下（其中垂直虚线表示峰值期，而垂直实线表示低谷期），从 3001～5000 期的产业平均边际成本。在图 8.6 中，高处的序列来自没有研发的模拟，而低处的序列来自具有研发的模拟。当不存在研发时，平均边际成本仅仅微弱的呈现出逆周期性。相反，来自具有内生性研发模型的时间序列展现出强烈的逆周期性。这清晰的表明产业平均边际成本的周期性主要受到内生性研发周期的影响；来自进入、退出的市场选择性变化强度对产业中企业效率具有较小的影响。图 8.7 中所展现的总研发支出的时间序列进一步证实了这一解释：企业的总研发支出展现出顺周期的特征，即研发活动在繁荣期比在衰退期更为活跃，这导致产业边际成本的逆周期性。

性质 8.6：总研发是顺周期的。

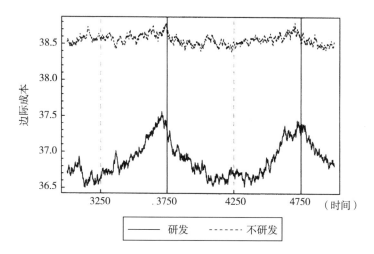

图 8.6 **具有和不具有内生性研发条件下的产业边际成本周期性动态**

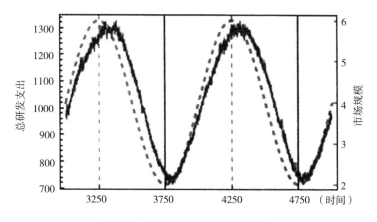

图 8.7 **总研发支出的周期性动态**

相比衰退期，在繁荣期的企业效率更高（即逆周期的边际成本），这是一个基于自适应效应的解释，而非是一个基于选择效应的解释。该周期性在那些研发支出占其总生产成本比例较小的产业中更为微弱。

注意到在给定价格（性质 8.1）和平均边际成本（性质 8.5）逆周期的情况下，平均价格—成本边际的逆周期性不是很明显。有一点很明了，企业在衰退期提高它们的价格加成，并超过边际成本，而在繁荣期降低价格加成。这意味着价格跨时期的变化强于产业边际成本的变化。

8.4 总结

在给定产业动态的框架下，本章的关注点是探究市场需求的波动如何影响产业长期动态。对于市场需求的跨期变动应考虑两种情况：一是在具有刻画需求持续概率系数的情况下，研究连续的相关随机性的变动；二是为了达到确定起因的目的，在一个市场规模变量遵循正弦曲线的确定性周期中，研究具有固定频率的繁荣—衰退周期。

汇总在表 8.2 中的模拟结果与许多针对相关变量的实证研究所得出的周期性特征相一致。特别是，响应市场需求波动的进入、退出动态造成逆周期性的产业集中。周期性的集中反映了企业市场势力的波动，这反过来导致市场价格的逆周期性。总研发支出是顺周期的，产生逆周期的产业边际成本（和逆周期的价格）。在衰退期，超过边际成本的价格加成要高于繁荣期，这导致逆周期性的价格—成本边际。最终，市场需求越是持续不变，这些内生性变量的周期性程度也越高。

表 8.2   内生性变量的周期性

内生性变量	顺周期性	逆周期性
进入企业数量（$|E^t|$）	√	
退出企业数量（$|L^t|$）	√	
运营企业数量（$|M^t|$）	√	
产业集中度（H^t）		√
价格（P^t）		√
产业利润（Π^t）	√	
产业边际成本（WMC^t）		√

续表

内生性变量	顺周期性	逆周期性
产业价格—成本边际（PCM^t）		√
总研发支出（TRD^t）	√	

备　注

[1] 需要注意的是 $\theta = 0.95$ 意味着市场规模平均每 20 个时期变化一次。与此相反，基准的技术冲击率 $\gamma = 0.1$ 意味着技术环境平均每 10 个时期变化一次。因此，技术环境的变化率是市场需求变化率的两倍。

9   结论

许多经济分析关注预测、解释、评估或应对变化。那么可以假定，企业和产业行为理论是否适用，应当在其能否对企业或产业现象方面给予启示，或者它如何解释创新来源和结果来进行评价。这些现象包括企业或产业作为整体对外部市场条件变化所作出的反应。……传统的理论倾向于点对点地处理第一个问题，而忽略或者机械化的处理第二问题。

——纳尔逊和温特（Nelson and Winter, 1982, p. 24）

熊彼特的创造性破坏过程根植于达尔文演化过程。本书所呈现的产业动态模型可以视为是在相似的框架下。有两个相互作用的机制联合起来决定着产业将如何随时间演化。第一个机制在企业群体中产生并保持技术变化（从而导致在供给侧生产效率的变化程度）。可以确定的是产生并维持这样的变化是企业追求可获得利润机会的内在趋势。这种变化并不仅仅表现在它们对产量的选择上，还表现在新企业的持续进入和现有企业的研发效应。此外，对技术环境的外部冲击促使企业研发，即使在长期中。第二个机制与第一个机制相互作用，具体表现为市场充分竞争，以至于只有现有群体中的子群体企业生存下来。那些具有技术，从而使得在当前环境中具有更低成本的企业拥有生存优势。这两种机制持续的相互作用，驱动着本书模型中的产业动态过程。

本书的研究使用基于主体的计算模型，其中人造的产业在计算机中被创造出来，并成长到成熟阶段。尽管模型中的企业被假定为具有有限理性，然而它们自我感觉到它们基于试验的研发活动会促使其取得技术进步。在早期阶段,产业数据的均值和方差发生变化,但是外部冲击的持续发生使得产业不会达到真正的"静态"均衡。在给定技术环境面临着持续的和未知的外部冲击条件下,计算机所产生的产业仍然处于持续不稳定的状态。更为确切地说,一旦经过短暂的成长阶段,它将达到一个稳定状态,在其中测算到的产业和企业行为随机的围绕稳定均值上下波动。本研究的主要目的是在企业随时间向着稳定状态演进过程中,确定企业的变动方式。本研究所开展的对企业非均衡自适应动态的研究不同于标准的产业组织均衡模型。

当然,任何模型的最终价值在于它能做出预测的能力。并且该预测能够与数据相互匹配。本书始于来自产业组织研究文献的四个典型事实:(1)年轻产业当中的震荡;(2)成熟产业当中持续的进入和退出;(3)典型产业当中进入和退出时间序列之间的正相关关系;(4)不同产业间进入和退出的正相关关系。本书所提出的计算模型能够复制所有这些现象,无论是在短暂的成长阶段,还是在产业的稳定状态阶段。此外,通过系统性的改变计算机所产生的产业在演化过程中的市场和技术环境特征,本模型还能够辨认给定产业的稳定状态动态中所蕴含的其他模式,以及具有不同特征产业间这些模式的变化。这通过相对于模型当中两个主要系数市场规模和固定成本而言,针对不同的内生性变量进行比较动态分析来实现。以下的结论来自这些分析,其中多数与现有实证研究文献结论相一致。

第一,可以被放在比较静态分析标题下的结果。具有更高市场规模或者更低固定成本的产业,可以称它们为 HSLF 产业,展现出更大的承载能力,在稳定状态内生性的企业数量更多。因此,这些产业相比那些具有更小市场规模或者更高固定成本的产业来说,具有较低的集中度。第二,HSLF 产业在趋于稳定状态的过程中,出现更低市场价格和价格—成本边际,这意味着集中度和价格(或者价格—成本边际)之间具有正向关系。

更有意义的是本书的模型能够产生企业和产业动态结果。HSLF 产业波动极小,因为它们具有更低的企业更替率。然而,这些产业内部却更为波动,因为它们频繁变换市场领导者。这两个产业独特因素影响产业内和产业间波动的不同方式可以通过企业研发活动进行解释。在 HSLF 产业中的企业，在产业达到稳定状态的过程中，总研发支出更多（相比模仿，更多的投入创新）。更为活跃的研发效应，内生性的通过提升在位企业相对潜在进入企业的平均效率，造成了进入障碍。这个内生性的进入障碍降低了产业内的波动，保护了在位企业免遭潜在竞争。然而，另一方面，本质上是自适应性的研发活动越活跃，也会导致在位企业通过降低它们的技术多样性，提高竞争激烈程度。缩小效率差异的结果是更高的产业内波动。

给定持续的技术多样性和不断的企业进入和退出，那么在任何给定时点上产业中的企业效率存在巨大差异。反过来，这些差异影响技术异质性企业的生存性。在第三组结果中，与实证观测相一致，本书的模型预测出企业生存期存在很大差异，并可以通过幂次定律分布来表示。此外，更进一步的研究现存企业的年限分布，展现出清晰的幼年死亡现象，并且比较动态分析预测出在具有更大市场规模或更低固定成本产业中，企业的平均生存期更长。后一个结果与前一个结果相一致，都表明在 HSLF 产业中，产业间的波动更低。

最后，模型和分析扩展到研究需求波动对产业动态的影响上。当允许市场规模波动，相关内生性变量的时间序列展现出周期性模式，并与来自微观经济学和产业组织研究文献的四个实证结果相匹配：（1）企业进入和企业总数量被发现是顺周期的（意味着逆周期的产业集中度）；（2）市场价格和产业平均价格—成本边际都是逆周期的；（3）产业平均边际成本是逆周期的；（4）总研发支出是顺周期的。

这些模式受到熊彼特关于市场竞争观点的两种力量的驱动。一是由于需求波动影响市场竞争选择压力程度而导致的产业结构的变化，即"选择效应"。二是需求波动影响企业追求研发的程度。这决定着它们能够适应变化的技术环境的程度，即"自适应效应"。由时间序列数据所观察到的内生性周期模式，可以从这两种力量的复杂作用关系中得到解释。

本书所提出的产业动态计算模型，能够实现其自身的进一步拓展。在现有模型中，产业动态的两个重要方面被忽视了，但是它们值得研究。一是企业选择与另一个合并；二是熊彼特"创造性破坏"过程中专利的作用。

这两方面无疑是当前反垄断和技术政策讨论的核心。尽管在本书中没有涉及这些领域，但是我希望能够为计算实验提供一个合适的基础，可以对这些重要方面进行规范化政策分析。

接下来的观点引自弗里德曼（Friedman，1953，p. 2）："任何政策性结论必须依赖于对做一件事而非另一件事的预测，明确的或隐含的预测必须基于实证经济学。"在传统新古典均衡理论中的比较静态方法提供了产生这样预测的一种方法。本书希望表明在一个动态框架下，基于有限理性主体的计算机方法是另一个有用且有效的方法来模拟企业和产业的行为。

参考文献

［1］ Armstrong, M. and Huck, S. (2010) "Behavioral economics as applied to firms: a primer," *Competition Policy International*, 6:3 – 45.

［2］ Asplund, M. and Nocke, V. (2006) "Firm turnover in imperfectly competitive markets," *Review of Economic Studies*, 73:295 – 327.

［3］ Axtell, R. and Epstein, J. M. (2006) "Coordination in transient social networks: an agent-based computational model of the timing of retirement. " in J. M. Epstein(ed.), *Generative Social Science: Studies in Agent-based Computational Modeling*. Princeton. NJ: Princeton University Press.

［4］ Barlevy, G. (2007) "On the cyclicality of research and development," *American Economic Review*, 97:1131 – 1164.

［5］ Bergstrom. T C. and Varian, H. R. (1985) "When are Nash equilibria independent of the distribution of agents' characteristics?," *Review of Economic Studies*, 52:715 – 718.

［6］ Bils, M. (1987) "The cyclical behavior of marginal cost and price," *American Economic Review*, 77:838 – 855.

［7］ Boulding, K. E. (1970) *Economics as a Science*, New York: McGraw-Hill.

［8］ Bresnahan, T. E. and Reiss, P C. (1991) "Entry and competition in concentrated markets," *Journal of political Economy*. 99:977 – 1009.

［9］ Burns, A. F. (1951) "Introduction," in W. C. Mitchell, *What Happens During Business Cycles: A Progress Report*, New York: National Bureau of Economic

Research.

[10] Byron,E. (2009) "P&G,Colgate hit by consumer thrift," *Wall Street Journal*,May 1:B1.

[11] Camerer, C. and Ho, T. -H. (1999) "Experience-weighted attraction learning in normal form games. "*Econometrica*,67:827 - 874.

[12] Camerer. C. and Lovallo,D. (1999) "Overconfidence and excess entry: an experimental approach. "*American Economic Review*,89:306 - 318.

[13] Campbell,J. R. and Hopenhayn,H. A. (2005) "Market size matters," *Journal of Industrial*,*Economics*. 53:1 - 25.

[14] Carroll,G. R. and Hannan,M. T. (2000) *The Demography of Corporations and Industries*,Princeton. N Y:Princeton University Press.

[15] Caves,R. E. (2007) "In praise of the old I. O. ," *International Journal of Industrial Organization*,25:1 - 12.

[16] Chang,M. -H. (2009) "Industry dynamics with knowledge-based competition:a computational study of entry and exit patterns," *Journal of Economic Interaction and Coordination*,4:73 - 114.

[17] Chang, M. -H. (2011) "Entry,exit,and the endogenous market structure in technologically turbulent industries," *Eastern Economic Journal*, 37: 51 - 84.

[18] Chang, M. -H. (forthcoming) "Computational industrial economics: a generative approach to dynamic analysis in industrial organization. " in S. -H. Chen,M. Kaboudan,and Y. -R. Du(eds.),*Oxford Handbook on Computational Economics and Finance*,Oxford,UK:Oxford University Press.

[19] Chatterjee,S. ,Cooper,R. ,and Ravikumar,B. (1993) "Strategic complementarity in business formation:aggregate fluctuations and sunspot equilibria," *Review of Economic Studies*,60:795 - 811.

[20] Chevalier,J. A. ,Kashyap,A. K. ,and Rossi,P E. (2003) "Why don't prices rise during periods of peak demand? Evidence from scanner data. "*American Economic Review*. 93:15 - 37.

[21] Chevalier,J. A. and Scharfstein,D. S. (1996)"Capital-market imperfections and countercyclical markups: theory and evidence,"*American Economic Review*, 86: 703 – 725.

[22] Comin, D. and Gertler, M. (2006) " Medium-term business cycles," *American Economic Review*,96:523 – 551.

[23] Cox,J. C. and Walker, M. (1998) "Learning to play Cournot duopoly strategies,"*Journal of Economic Behavior*,& *Organization*,36:141 – 161.

[24] Dawid,H. (2006)"Agent-based models of innovation and technological change,"in L. Tesfatsion and K. Judd(eds.),*Handbook of Computational Economics*,*Volume* 2,Amsterdam:Elsevier B. V.

[25] Deissenberg,C. ,Van der Hoog,S. ,and Dawid,H. (2008)"EURACE: a massively parallel agent-based model of the European economy,"*Applied Mathematics and Computation*,204,2:541 – 552.

[26] Devereux, M. B. , Head, A. C. , and Lapham, B. J. (1996) " Aggregate fluctuations with increasing returns to specialization and scale,"*Journal of Economic Dynamics and Control*,20:627 – 656.

[27] Doraszelski,U. and Pakes,A. (2007)"A framework for applied dynamic analysis in IO,"in R. Schmalensee and R. D. Willig(eds.),*Handbook of Industrial Organization. Volume 2*,Amsterdam:Elsevier B. V.

[28] Dosi,G. and Egidi,M. (1991)"Substantive and procedural uncertainty",*Journal of Evolutionary Economics*,1:145 – 168.

[29] Dosi,G. ,Fagiolo,G. ,and Roventini,A. (2006)"An evolutionary model of endogenous business cycles,"*Computational Economics*,27:3 – 34.

[30] Dosi,G. ,Fagiolo,G. ,and Roventini,A. (2008)"The microfoundations of business cycles:an evolutionary,multi-agent model,"*Journal of Evolutionary Economics*,18:413 – 432.

[31] Dosi,G. ,Fagiolo, G. ,and Roventini,A. (2010)"Schumpeter meeting Keynes:a policy-friendly model of endogenous growth and business cycles,"*Journal of Economics Dynamics and Control*,34:1748 – 1767.

[32] Dunne, T. , Roberts, M. J, and Samuelson, L. (1988) "Dynamic patterns of firm entry, exit, and growth, " *RAND Journal of Economics*, 19:495 – 515.

[33] Epstein, J M. , Pankajakshan, R. , and Hammond, R. A. (2011) "Combining computational fluid dynamics and agent-based modeling: a new approach to evacuation planning, " *PloS one*, 6, 5: e20139.

[34] Epstein, J. M. , Cummings, D. A. , Chakravarty, S. , Singha, R. M. , and Burke, D. S. (2006) "Toward a containment strategy for smallpox bioterror: an individual-based computational approach, " in J. M. Epstein (ed.), *Generative Social Science: Studies in Agent-based Computational Modeling*, Princeton. NJ: Princeton University Press.

[35] Ericson, R. and Pakes, A. (1995) "Markov-perfect industry dynamics: a frame-work for empirical work, " *Review of Economic Studies*, 62:53 – 82.

[36] Etro, F. and Colciago, A. (2010) "Endogenous market structures and the business cycle, " *Economic Journal*, 120:1201 – 1233.

[37] Fouraker, L. F. and Siegel, S. (1963) *Bargaining Behavior*, New York, NY: McGraw-Hill.

[38] Friedman, M. (1953) *Essays in Positive Economics*, Chicago: The University of Chicago Press.

[39] Geroski, P. A. (1995) "What do we know about entry?, " *International Journal of Industrial Organization*, 13:421 – 440.

[40] Gort, M. and Klepper, S. (1982) "Time paths in the diffusion of product innovations, " *Economic Journal*, 92:630 – 653.

[41] Green, E. J. and Porter, R. H. (1984) "Non-cooperative collusion under imperfect price information, " *Econometrica*, 52:87 – 100.

Haltiwanger, J. C. and Harrington Jr. , J. E. (1991) "The impact of cyclical demand movements on collusive behavior, " *RAND Journal of Economics*. 22: 89 – 106.

[42] Hopenhayn, H. A. (1992) "Entry, exit, and firm dynamics in long run equilibrium, " *Econometrica*, 60:1127 – 1150.

［43］ Huck, S. , Normann, H. -T. , and Oechssler, J. (1999)" Learning in Cournot oligopoly：an experiment," *Economic Journal*, 109, C80 – C95.

［44］ Jovanovic, B. (1982)" Selection and the evolution of industry," *Econometrica*, 50：649 – 670.

［45］ Jovanovic, B. and MacDonald, G. M. (1994)" The life cycle of a competitive industry," *Journal of Political Economy*, 102：322 – 347.

［46］ Kandori, M. (1991)" Correlated demand shocks and price wars during booms," *Review of Economic Studies*, 58：171 – 180.

［47］ Kauffman, S. A. (1993) *The Origins of Order：Self-organization and Selection in Evolution*, Oxford, UK：Oxford University Press.

［48］ Kesmodel, D. (2009) " Beer makers plan more price boosts," *Wall Street Journal*, August 26：B1.

［49］ Klepper, S. (2002) " Firm survival and the evolution of oligopoly," *RAND Journal of Economics*, 33：37 – 61.

［50］ Klepper, S. and Graddy, E. (1990) " The evolution of new industries and the determinants of market structure," *RAND Journal of Economics*, 21：27 – 44.

［51］ Klepper, S. and Simons, K. L. (1997)" Technological extinctions of industrial firms：an inquiry into their nature and causes," *Industrial and Corporate Change*. 6：379 – 460.

［52］ Klepper, S. and Simons, K. L. (2000a)" Dominance by birthright：entry of prior radio producers and competitive ramifications in the US television receiver industry. " *Strategic Management Journal*, 21：997 – 1016.

［53］ Klepper, S. and Simons, K. L. (2000b) " The making of an oligopoly：frim survival and technological change in the evolution of the US tire industry," *Journal of Political Economy*, 108：728 – 760.

［54］ Knight, F. (1921) *Risk, Uncertainty and Profit, Chincago：The University of Chicago Press*.

［55］ Law, A. M. and Kelton, D. (2000) *Simulation Modeling and Analysis,*

3rd edition. New York. NY: McGraw-Hill.

[56] Li, H. , Sun, J. , and Tesfatsion, L. (2011) " *Testing institutional arrangements* via agent-based modeling: a U. S. electricity market application, " in H. Dawid and W. Semmler(eds.) , *Computational Methods in Economic Dynamics*, Heidelberg, Germany: Springer.

[57] MacDonald, J. M. (2000) " Demand, information, and competition: why do food prices fall at seasonal demand peaks?, " *Journal of Industrial Economics*, 48: 27 – 45.

[58] Mannaro, K. , Marchesi, M. , and Setzu, A. (2008) " Using all artificial financial market for assessing the impact of Tobin-like transaction taxes, " *Journal of Economic Behavior and Organization.* 67: 445 – 462.

[59] Marshall, A. (1920) *Principles of Economics*, 8th edition reprint 1968, New York, NY: The MacMillan Company.

[60] Martins. J. O. , Scarpetta, S. , and Pilat, D. (1996) " Mark-up ratios in manufacturing industries: estimates for 14 OECD countries, " *OECD Economics Department Working Papers*, No. 162.

[61] Melitz. M. J. (2003) " The impact of trade on intra-industry reallocations and aggregate industry productivity, " *Econometrica*, 71: 1695 – 1725.

[62] Milgrom, P. and Roberts, J. (1990) " The economics of modern manufacturing: technology, strategy, and organization, " *American Economic Review*, 511 – 528.

[63] Nelson. R. R. and Winter, S. G. (1982) *An Evolutionary Theory of Economic Change*, Cambridge, MA: Harvard University Press.

[64] Neugart, M. (2008) " Labor market policy evaluation with ACE, " *Journal of Economic Behavior and Organization*, 67: 418 – 430.

[65] Pakes, A. and Ericson, R. (1998) " Empirical implications of alternative models of firm dynamics, " *Journal of Economic Theory*, 79, 1: 1 – 45.

[66] Pakes, A. and McGuire, P (1994) " Computing Markov-perfect Nash equilibria: numerical implications of a dynamic differentiated product model, " *RAND Journal of Economics*, 25: 555 – 589.

［67］ Parker, J. and Epstein, J. M. (2011) "A distributed platform for global-scale agent-based models of disease transmission." *ACM Transactions on Modeling and Computer Simulation*, 22, 1:2.

［68］ Porter, M. E. (1996) "What is strategy?," *Harvard Business Review*, 74: 61 – 78.

［69］ Rotemberg, J. J. and Saloner, G. (1986) "A supergame-theoretic model of price wars during booms," *American Economic Review*, 76:390 – 407.

［70］ Rotemberg, J. J. and Woodford, M. (1990) "Cyclical markups: theories and evidence," *NBER*, No. 3534.

［71］ Rotemberg, J. J. and Woodford, M. (1999) "The cyclical behavior of prices and costs," in J. B. Taylor and M. Woodford(eds.), *Handbook of Macroeconomics*, *Volume 1*. Amsterdam: Elsevier B. V.

［72］ Russo, A. , Catalano, M. , Gallegati, M. , Gaffeo, E. , and Napoletano, M. (2007) "Industrial dynamics, fiscal policy and R&D: evidence from a computational experiment," *Journal of Economic Behavior and Organization*, 64:426 – 447.

［73］ Schmalensee, R. (1989) "Inter-industry studies of structure and performance," in R. Schmalensee and R. D. Willig(eds.), *Handbook of Industrial*, *Organization*, *Volume* 2, Amsterdam: Elsevier B. V.

［74］ Schumpeter, J. (1939) *Business Cycles: A Theoretical, Historical, and Statistical Analysis of the Capitalist Process*, New York, NY: McGraw-Hill.

［75］ Schumpeter, J. A. (1950) *Capitalism, Socialism, and Democracy*, 3rd edition, New York, NY: Harper.

［76］ Smith, P H. (1968) *Wheels within Wheels: A Short History of American Motor Manufacturing*. New York. NY: Funk & Wagnalls.

［77］ Sun, J. and Tesfatsion, L. (2007) "Dynamic testing of wholesale power market designs: an open-source agent-based framework." *Computational, Economics*, 30:291 – 327.

［78］ Sutton, J. (1997) "Gibrat's legacy," *Journal of Economic Literature*, 35:40 – 59.

[79] Tesfatsion, L. and Judd, K. (eds.) (2006) *Handbook of Computational Economics*, *Volume 2*: *Agent-Based Computational Economics*, Amsterdam: Elsevier B. V.

[80] Theocharis, R. (1960) "On the stability of the Cournot solution on the oligopoly problem," *Review of Economic Studies*, 27: 133 – 134.

[81] Thompson, D. (1917) *On Growth and Form*, Cambridge, UK: Cambridge University Press.

[82] Warner, E. J. and Barsky, R. B. (1995) "The timing and magnitude of retail store markdowns: evidence from weekends and holidays," *Quarterly*, *Journal of Economics*. 110: 321 – 352.

[83] Weintraub, G., Benkard, L., and Van Roy, B. (2008) "Markov perfect industry dynamics with many firms," *Econometrica*, 76: 1375 – 1411.

[84] Weintraub, G., Benkard, L., and Van Roy, B. (2010) "Computational methods for oblivious equilibrium." *Operations Research*, 58: 1247 – 1265.

[85] Weiss, L. W (1989) *Concentration and Price*, Cambridge, MA: The MIT Press.

[86] Westerhoff, F. and Dieci, R. (2008) "The use of agent-based financial market models to test the effectiveness of regulatory policies," *Journal of Economics and Statistics*, 228, 2/3: 195 – 227.

原文索引

tasks 19

technological diversity 45 ,99 – 103

Tesfatsion ,L. 12 ,15

US automobile industry 54 ,56 ,107 ,108

US automobile tire industry 58 ,59

Winter ,S. G. 13 ,131